プロジェクト
成功への挑戦
〈3つの力〉

井野 弘

SUCCESSFUL PROJECTS

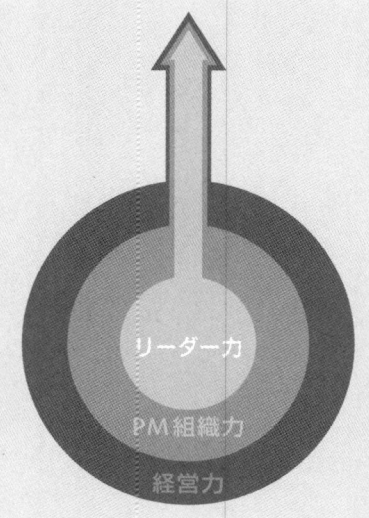

英治出版

はじめに

プロジェクトは難しい

　プロジェクトを成功させることは容易ではない。確実に成功させるとなると、ほとんど不可能に近い。プロジェクトに直接たずさわる人々が、適切に、エネルギッシュに、そして献身的に仕事をすることが必要であるが、それだけでは十分条件にならないところが難しい。

　たとえば、気象衛星のためのロケットを打ち上げるとか、インターネット上で商取引を実現するための情報システムを構築するというように、プロジェクトの最大の特徴は「目的がはっきりしている」ことである。ところが、その肝心の目的が、実際にはあまりはっきりしていないケースが多い。

　総論レベルでははっきりしているようでも、詳細レベルではいろいろな解釈ができる不明確な状態だったり、プロジェクトの進行途中で目的が変わってしまうといったことがよく起こる。目的・目標といった基本事項がふらつくと、プロジェクトが迷走するのは当然である。

　現実的には、こういう基本的なことが問題発生の原因になることが多く、さらにその周辺のさまざまな要因すべてが問題発生の原因になる可能性を持っている。プロジェクト成功の困難さは、そういう多種多様性、一過性、ダイナミックさをタイムリーに適切にさばかねばならないところにある。

　私は30年以上、IT業界で情報システム構築プロジェクトに関わってきた。その経験からいえば、「プロジェクトは、少しでも手を抜くと失敗してしまう」と肝に銘じることが最も大切である。プロジェクトを成功させるためには、相当に手のかかる子どもを育てるような感覚・気持ちで面倒をみることが必要である。

プロジェクトを成功させるために、また失敗しないために何をすべきかを常に考え、先手を打って対策しないと、たちまち悪循環に巻き込まれ、あっという間に問題状況に陥る。いったん「悪のスパイラル」に入り込むと、そこから脱出するには大変なエネルギー（時間、コスト、頑張り、交渉と調整）が必要であるし、結局、脱出できないことも少なくない。問題プロジェクトになり、赤字プロジェクトになり、失敗プロジェクトになるのである。

なぜ、プロジェクトは失敗するのか

本書では、プロジェクトで直面する問題や失敗の原因を踏まえ、それらを克服して成功に導くための対策について、どうすればよいのかを提言する。プロジェクトの成功のために必要な能力は種々あるが、大きく3つに分けられる。

1つめは、プロジェクト・マネジメント（プロジェクト管理）の手法、仕掛けなどを、組織だてて工夫・整備し実践することである。これをプロジェクト・マネジメント組織力（PM組織力）と呼ぶことにする。

2つめは、プロジェクト・マネジャーやリーダー、関係者の個人能力のことであり、これをリーダー力と呼ぶことにする。プロジェクト・マネジメントの基本的な知識を持つことは当然として、プロジェクトの推進をリードするために必要な資質と各種のスキルを必要とする。

3つめは、プロジェクトを支える基盤、すなわちプロジェクト・インフラストラクチャー力、企業力といったレベルでの仕組み、サポート力のことで、本書では経営力と呼ぶことにする。

たとえるなら、経営力という社会環境・時代背景のなかで、プロジェクトという日々の育児をするという図式である。経営力は、明るく健全な社会環境・時代背景に相当し、PM組織力はその環境下で過保護にならず、しかし暖かい豊かな家庭環境と子育ての方法に相当する。リーダー力は、まさに育児に責任を持つ、母親と父親の育児能力とい

うことになろうか。

　何らかの原因で問題化してしまった多くのプロジェクトでは、直面している問題の大きさ、深刻さ、困難さに圧倒されて、プロジェクト・マネジャー、プロジェクト・チーム構成員だけでなく、その上位の管理者、経営者までもが焦りや不安を募らせていく。結局、適切な手を打てず、いたずらに時間を浪費し、傷をさらに深くしてしまう。その問題が大きいほど、深刻なほど、時間の制約が大きいほど、気合いや頑張りだけでは解決できない。当事者だけではどうにもならないのに、誰もが気持ちだけが先行して冷静で適切な判断ができなくなったり、実質的には傍観するだけになったり、萎縮した対策しか打てなくなることが何と多いことか。問題プロジェクトは人の思考を停止させ、冷静さを奪い、ヒステリックな状況を作り出す。

　直面する問題の解決や発生防止のための直接的な対症療法と、本質的な問題解決、発生防止を図る漢方薬的根治療法の違いを深く冷静に理解することが必要である。そして明るい気持ちを奮い立たせて、思いきった対応策、改革をすばやく着手し完遂することと、冷静に根気よく対策を継続することによってのみ、プロジェクト成功が計算できるようになる。

　ITの急速な進歩がある一方、政治的、社会的、経済的な低迷と不透明さもあって、ビジネス環境の変化は激しく、苛酷になるばかりである。一方、プロジェクト・マネジメントもその手法やツールに多少の進歩はあるものの、本質的なレベルでは依然として大きな変化はない。時代の推移に合わせて、「成功する確率」を高める方向に進んでいるとは言い難く、むしろ環境変化の激しさによって、「失敗する可能性」が、より高まっている。

　企業経営もプロジェクトも、旧態依然、昨日のつづきの今日、今日のつづきの明日ということでは、この激変の時代を強く生き抜くことはできない。今こそ、変化に目を眩まされることなく、しかし変化を冷静に見据えて、1つ1つのプロジェクトが成功できるための着実な一歩を踏み出すときである。

プロジェクトを成功させるためには

　本書はプロジェクト・マネジメント手法の解説書ではないし、単なるノウハウを紹介するものでもない。現実の泥臭い問題を直視しながら、多くの人々の成功と失敗の経験から生まれた基本セオリーを踏まえ、プロジェクトを成功させるための方策を示すものである。最新のテクノロジーを駆使して、高い確率でプロジェクトを成功させる企業を実現するための考え方、アプローチと各論レベルの現実的な方法を示すことを狙いとしている。

　プロジェクト・マネジャーやプロジェクト・リーダー、プロジェクト・メンバー、プロジェクト関係者の方は、第1章から順を追って読んでいただきたい。また、経営者や上級管理者は、第1章、第4章そして時間があれば、第3章、第2章を読んでいただくのがよい。

　第1章では、プロジェクトとは何であるかの定義を確認し、プロジェクトの成功と失敗について定義する。単にプロジェクト自体の成功・失敗ということだけでなく、プロジェクト・ビジネスの観点に立ち、立場の異なる側面からの成功・失敗を新たに定義する。その上で、プロジェクトはなぜ失敗するのかを概観する。

　また、プロジェクトの成功のために必要な3つの能力について述べる。プロジェクト成功のために必要なことは、プロジェクト・マネジメントの方法を現実的・組織的に向上すること、すなわちPM組織力を向上させること、プロジェクト・マネジャーやリーダーの個人能力を向上させること、そして、プロジェクト・マネジメントおよびプロジェクトの実行のための基盤であるプロジェクト・インフラとしての企業力・経営力を整備・高度化することである。

　この3つの能力が相互に作用しながら、円滑に機能することが必要であることを述べる。これこそ、「プロジェクトを成功に導くための基本認識として必須である」と強調したいことである。

　実際に直接的にプロジェクトに関わる人だけでなく、ゼネラル・マ

ネジメントや経営に携わる人に特に理解していただきたい部分である。

　第2章では、プロジェクト成功のための必要能力の1つであるPM組織力を構成する要素について述べる。プロジェクト・マネジメントの要素について、米国に本部を持つPMI（Project Management Institute）のまとめたPMBOK（Project Management Body Of Knowledge）の分類と内容に沿って述べる。また、PMBOKでは記述が十分でない、契約マネジメントについても述べる。

　各要素の記述にあたっては、PMBOKの概要を述べた上で、著者の経験を踏まえて現場の実態を明らかにし、そこから整備のポイントと経営が取り組むべき課題を提示する。さらに、問題発生の事例を取り上げ、その問題の原因と対応策について具体的に解説している。なお、PMBOKの概要については、あくまで私なりの解釈で構成しており、PMBOK自体の構成とは異なっていることをお断りしておきたい。

　実際にプロジェクトに関わっている人は、自身の知識を確認し、今後のスキルアップの参考にできるし、ゼネラル・マネジメントや経営者の方々は、プロジェクト・マネジャーの思考傾向の拠り所になるべきものの全体像を理解し、彼らの努力が報われるプロジェクト・インフラを高度化することがいかに必要であり、現実的に何を優先的に行う必要があるのかを考えるきっかけにできる。

　第3章では、リーダー力について述べる。リーダー力は、個人力そのものであるので、プロジェクト・マネジャーの個人資質や能力について、その要件を述べる。そして、それをアセス（評価）し、個別プロジェクトへの適切なアサインを行い、また不足能力を明らかにして、育成するための人事制度や教育訓練などのフレームについて述べる。

　第4章では、プロジェクト成功のためのもう1つの必要能力である、経営力（企業力）の整備・高度化について、その具体的な進め方を述べる。経営力は、プロジェクト・ビジネスおよびプロジェクトを支え

る基盤であるが、この部分の整備・高度化をどの程度達成できるかは、一般的な組織力・企業力・経営力そのものが問われることであり、経営改革を論じることにもなる。「経営改革」と大所高所から大上段に振りかざす感のある表現よりも、「経営力強化プログラム」として、実際のプロジェクトを成功させることに直結する課題に絞って推進することを強調したい。

　私は、まさにこうした意図による経営改革の責任者として改革を推進した経験があるので、その経験を基に解説している。経営力強化プログラムは、トップダウン・アプローチで経営の最高責任者が先頭を切って、最大限のリーダーシップを発揮し、短時間で企業風土を変える意気込みで取り組むことを前提としている。このなかで示す個々の課題にのみ焦点を絞って選択的に取り組むことも否定はしないが、部分最適の落とし穴に落ちる危険性を持っていることに十分注意する必要がある。

　なお、本書の内容についてのすべての責任は当然私にあるが、過去30年以上にわたって実務レベルでご指導・ご協力いただいた数多くの方々に感謝の意を表したい。特に、佐々間陽一郎、小沢健三、鈴木英次、武谷美世子の各氏、および英治出版の原田英治社長、編集担当の和田文夫氏には、深謝させていただきます。最後に、私を支えてくれている家族に対しても、感謝させていただきたい。

2003年2月　井野 弘

　　"PMI"とPMIのロゴは、米国および諸外国の登録Service and Trademarks、
　　"PMP"とPMPのロゴは、米国および諸外国の登録Certification marks、
　　"PMBOK"は、米国および諸外国の登録Trademarkです。
　　文中の登録Mark表示は省略します。

目次

■はじめに 3

第1章　プロジェクトの成功と失敗

1　プロジェクトとは何か？ 16
2　プロジェクト・マネジメントとは？ 18
3　プロジェクトの成功と失敗 20
　（1）成功と失敗の定義 20
　（2）プロジェクト・ビジネス面でのプロジェクトの成功と失敗 22
　（3）発注者から見たプロジェクトの成功と失敗 23
　（4）受注者から見たプロジェクトの成功と失敗 25
4　プロジェクトはなぜ失敗するのか 26
　（1）企業外の要因 28
　（2）企業内・プロジェクト外の要因 28
　（3）プロジェクト内の要因 28
5　プロジェクト成功のために必要なこと 30
6　プロジェクト成功のための3つの能力 32
7　PM組織力 34
　（1）PM組織力とは 34
　（2）プロジェクト・マネジメントの仕組みの文書化 36
　（3）仕組みを機能させる 38
　（4）仕組みの絶えざる見直し 39
8　リーダー力（プロジェクト・マネジャー力） 40
9　経営力 42
10　バランスとポジティブ・スパイラル 44
　（1）3つの能力向上のスパイラル 45
　（2）リーダー力を支えるPM組織力 46
　（3）PM組織力と連動した経営力 47
　（4）PM組織力と経営力の境界 48
　（5）プロジェクト実行環境を意識した経営力整備 48
11　PM組織力・経営力向上の施策のために 50
　（1）マネージできることの前提はビジブル 50
　（2）優先課題 50

第2章　プロジェクトを計画・実行するPM組織力

1　プロジェクト・マネジメント・プロセスとプロダクト・プロセス　52
2　プロジェクト・マネジメント・プロセスの構成要素　54

10の構成要素

1) **統合マネジメント**（Project Integration Management）　56
   問題発生ケース1● プロジェクト・プランが未作成　60

2) **スコープ・マネジメント**（Project Scope Management）　64
   問題発生ケース2● あいまいな要求仕様書の記述　70

3) **タイム・マネジメント**（Project Time Management）　74
   問題発生ケース3● 無理な短納期の要求　80

4) **コスト・マネジメント**（Project Cost Management）　84
   問題発生ケース4● コスト・オーバーへの対応　90

5) **品質マネジメント**（Project Quality Management）　94
   問題発生ケース5● 品質計画書の未作成　98

6) **人的資源マネジメント**（Project Human Resource Management）　102
   問題発生ケース6● 特定スキルを持つ要員に集中するニーズ　108

7) **コミュニケーション・マネジメント**
   　　　　　　　（Project Communication Management）　112
   問題発生ケース7● コミュニケーション不良による問題　116

8) **リスク・マネジメント**（Project Risk Management）　120
   問題発生ケース8● 限定された予算・納期のなかで、要求仕様の定まらないプロジェクト　124

9) **調達マネジメント**（Project Procurement Management）　128
   問題発生ケース9● ある外注管理上の問題　132

10) **契約マネジメント**（Project Contract Management）　136
    問題発生ケース10● 適時に締結されない契約　140

第3章　プロジェクトの成功を決定づけるリーダー力

1. **プロジェクト・マネジャーの役割** 144
2. **必要な資質** 146
3. **必要なスキル** 148
   - （1）リーダーシップ・スキル 149
   - （2）プロジェクト・マネジメント・スキル 149
   - （3）技術スキル 150
   - （4）業務知識スキル 150
   - （5）ビジネス・スキル 150
4. **育成・訓練** 152
5. **プロジェクト特性とのマッチング** 153
6. **認知と待遇** 154

第4章　プロジェクト成功を支える経営力

1. **経営力強化プログラム** 156
   - （1）経営改革 156
   - （2）トップダウン・アプローチ 157
   - （3）求心力 158
   - （4）現実性 159
2. **経営戦略明示** 160
   - （1）概要 160
   - （2）経営戦略 161
   - （3）事業戦略 162
   - （4）マーケティング戦略 162
   - （5）顧客戦略 163
   - （6）技術戦略 163
   - （7）海外戦略 164
   - （8）アライアンス戦略 164
   - （9）人材戦略 165
   - （10）管理力強化戦略（組織化、情報化環境、ビジネス管理力） 165
   - （11）他の経営力強化プログラムとの関連 166
   - （12）PM組織力・リーダー力との関連 167

3　ビジネス管理整備 168
（1）概要　168
（2）戦略経営管理プロセス　168
（3）事業管理システム　170
（4）プロジェクト管理システム　171
（5）契約管理プロセス　172
（6）他の経営力強化プログラムとの関連　174
（7）PM組織力・リーダー力との関連　175

4　プロジェクト推進システム 176
（1）概要　176
（2）プロジェクト・マネジメント・システム　177
（3）品質システム　177
（4）メソドロジー　177
（5）CMM　178
（6）他の経営力強化プログラムとの関連　180
（7）PM組織力・リーダー力との関連　181

5　人材確保 182
（1）概要　182
（2）人事制度　182
（3）人材育成　184
（4）採用方針・計画　184
（5）教育制度と教育の方法　185
（6）組織編成　185
（7）他の経営力強化プログラムとの関連　186
（8）PM組織力・リーダー力との関連　187

6　協力会社管理　188
（1）概要　188
（2）協力会社管理　188
（3）外注管理プロセス　189
（4）他の経営力強化プログラムとの関連　190
（5）PM組織力・リーダー力との関連　191

7　技術環境整備 192
（1）概要　192
（2）情報インフラ　192
（3）ナレッジ・マネジメント　193
（4）他の経営力強化プログラムとの関連　194
（5）PM組織力・リーダー力との関連　195

8　改革推進 196
　（1）基本的な考え方　196
　（2）経営トップを含むコア・チーム編成　196
　（3）実行は課題ごとにプロジェクト・チームを編成　198
　（4）横断的にエバンジェリスト・グループを編成　198
　（5）推進体制とプロセスの明確化　198
　（6）情報は形式化しオープンに　199
　（7）社内PR　199

■ おわりに　201

■ 参考文献　204

1 プロジェクトの成功と失敗

1 プロジェクトとは何か？

　プロジェクトとは、明らかな独自の達成目標を持ち、有期限で予算の限定された一過性の仕事のことをいう。たとえば、PMI（Project Management Institute）のPMBOK（Project Management Body Of Knowledge）では、次のように定義される。

「独自の成果物またはサービスを創出するための有期活動」

　独自性とは「unique」であり、プロジェクトが創出する成果物やサービスはある部分で類似性はあったとしても、唯一無二であるということである。有期性とは「temporary」であり、すべてのプロジェクトには明確な開始時点と終了時点があるということである。
　また、有期性と独自性を統合したプロジェクトの特性として、段階的詳細化（Progressive Elaboration）があるとしている。段階的詳細化とは、最初の段階では大まかな定義であってもよいが、プロジェクトが進むにつれて詳細化するということである。これらを図で示すと、図1のようになる。
　プロジェクトは繰り返すことがない一発勝負の側面が特徴であり、従って成功させるための条件は千差万別で、ダイナミックなことが多いので、柔軟でタイムリーな対応を行うことがきわめて重要になる。
　特に、まったく新しい目標を持った仕組みを現実化させるとか、先端的な新技術を使用する場合とか、その仕事の大きさと複雑度の高い場合および関連する組織の数や人の種類（専門分野）と人数が多い場合は成功の可能性は低くなる。情報システム構築の場合、実現するシステムそのものの新規性が高い場合とか、使用する技術（Hardware、Software、Network）が新規技術の場合とか、システムが大規模で複

図1　プロジェクトの定義

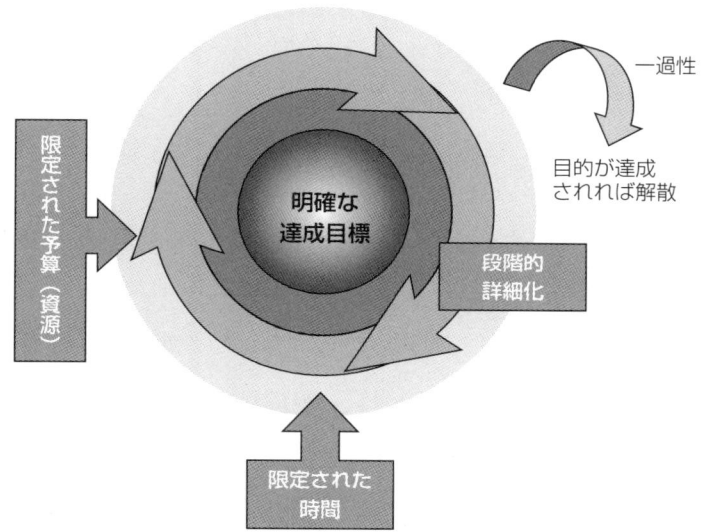

雑な場合および関わるプロジェクト・チームの人数が多い場合（数百人規模のプロジェクトもある）などでは、当初の予定通りに完成することはほとんどありえない。

　こういうプロジェクトの定義を応用すれば、我々の日常生活のなかでも多くの該当する事柄が考えられる。それらを、プロジェクトの定義を踏まえたプロジェクト・マネジメントの知識・経験を生かしてノウハウ化するようなアプローチは、まだあまり議論されていない分野である。今後、研究の価値がある分野であろう。企業の経営そのものをプロジェクトと捉え、経営の手法にプロジェクト・マネジメントの手法を適用できるとの考え方もあるが、全面的に同一化することは無理があるが、どの程度まで現実的に同一化できるかによって有用なアプローチになる可能性はあると思われる。今後の課題である。

2　プロジェクト・マネジメントとは？

　PMBOKによれば、プロジェクト・マネジメントとは、プロジェクトの事業主体や他のステークホルダーのそのプロジェクトに対する要求事項や期待を充足するために、最適な知識、技術、ツールと技法を適用することである。

　プロジェクト・マネジメントを行う責任者がプロジェクト・マネジャーということになる。

　プロジェクト・マネジメントは、一般的なマネジメント（管理）の要素と多く重なる要素を必要とする。根本的に相違することは、達成すべき目標や達成期間が明確で、独自性があり、有期性があること、しかも通常、使用できるリソースや権限には制約が多い。

　PMBOKにも述べているが、プロジェクト・マネジメントに特有の知識・手法（たとえば、WBS=Work Breakdown StructureやCPM=Critical Path Methodなど）、企業における一般的なマネジメントの知識・手法と共通するもの、および、適用分野で固有な知識・手法（機能的に固有なもの、マネジメント上固有なもの、業種で固有なもの）の3つの分野の知識・手法が図2のように関係している。

　また、システム構築のメソドロジーなどでは、プロジェクトの目標物を構築する手順を定めるが、そのなかにプロジェクト・マネジメントの作業を含む場合と明確に分離している場合とがある。プロジェクト・マネジメントの必要性を明らかにし、明確な作業を認識して、しかも対象のプロダクトによらず共通的な手法としてプロジェクト・マネジメントを位置づけるほうが、現時点では、より現実的であるといえる。プロジェクトの内容によらず、プロジェクト・マネジメントは共通的に必要なことをタイムリーに漏れなく実施するために確立されたマネジメント手法である。

図2　PMBOKによる知識・手法の分野

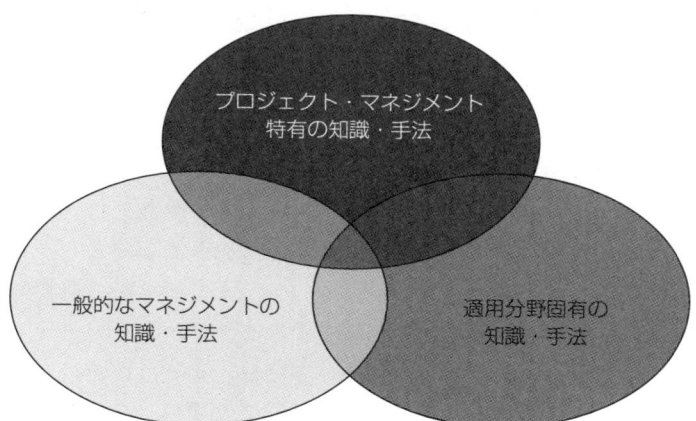

3 プロジェクトの成功と失敗

(1) 成功と失敗の定義

　プロジェクトの成功とはどういうことであり、失敗とはどういうことなのか。それはプロジェクトの定義そのものともいえるし、少なくともそれと深く関わる。杓子定規にいえば、「当初計画の所要時間と所要コストの範囲内で当初目標を達成すること」となる。

　そういう定義で捉えるとしても、一方では、当初計画だけが真ならずという時代背景、つまり社会環境、企業経営環境、技術環境などが激変する今日では、それらの環境変化に適切に対応して、プロジェクト実行途中での方針変更にも迅速に対応し適応していくことも要求されることを忘れてはならない。

　教条主義的に融通のきかない方法や考え方は、それ自体が失敗原因そのものになる危険性があるし、何でもありの無手勝流では、まともなプロジェクトなど遂行できないことも明白である。このことをよく理解した上で適切な対応をしなければならない時代になっている。

　一般的に「失敗プロジェクト」という場合は、当初目標を達成できなくて、「途中でプロジェクトを放棄」「当初目標をレベルダウンして、何とか実現」というものから、「予定スケジュールが遅延」「予定コストが増大」「品質に問題」「実用に支障ある性能」といったようなことになる。程度の大小を問わなければ、ほとんどすべてのプロジェクトはどれかに該当する。プロジェクトは失敗しやすい性格をもっているとさえ思える。

　これらは、プロジェクトの目標達成も含めた広義の品質（Q: Quality）、コスト（C: Cost）、納期（時間またはスケジュール、D: Delivery）のそれぞれの要求内容が、「満足」「まあまあ」「不満足」の3つが組み合わさった状態として発生する。この組み合わせを整理したのが図3であ

図3　プロジェクトの成功と失敗の要素

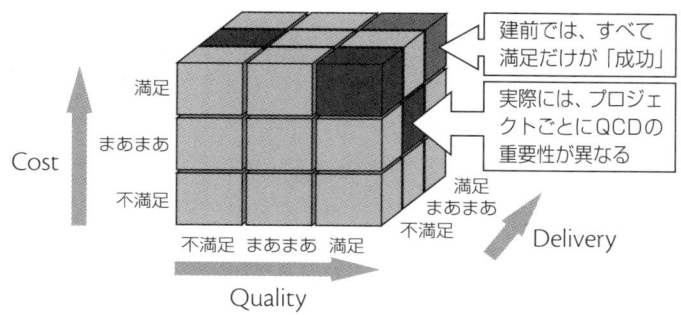

り、プロジェクトの成功・失敗の構成内容となることを示した。建前としてはすべてが「満足」になることだけが成功であるが、実際にはそのプロジェクトの置かれている状況とか、プロジェクト・オーナーの考え方、そのプロジェクトに関わる立場などで、QCDの重要性が異なるのが普通である。

　プロジェクトの本質的観点からの成功・失敗の評価は、「当初の狙い・目標を達成したかどうか」、少し枠を広げるとすれば、「さらにプロジェクト実行途上での変更管理を適切に実行できたか」ということのセットで評価されるべきである。

　特に失敗への論評としてよく聞かれる、「長期的に見て次への一過程として結果的には必要な失敗であった」とか、「これは神が与えた我々に対する試練である」といったのんきな肯定論や慰め論の議論はほとんど気休めであり、いずれまた同じことを繰り返す可能性が高い。

　変更管理のなかには、環境変化に対するプロジェクト範囲の変更とか、目標修正などの枠組みに関する変更と、それらに対応するプロジェクト内部のスケジュール、コストなどの変更管理が含まれる。激変する時代背景は、変更管理の重要性を飛躍的に増大させている。それを別の視点から見れば、リスク管理がきわめて重要な位置づけになっているということである。

(2) プロジェクト・ビジネス面でのプロジェクトの成功と失敗

一歩踏み込んでプロジェクトを請負契約する前提でのプロジェクト・ビジネスとして眺めると、「この仕事（プロジェクト）を発注者（オーナー）が受注者に一定条件に基づいて契約を締結する」という前提条件での成功・失敗ということになる。

つまり、プロジェクトの成功・失敗は、その計画全体の本質的な観点と、発注者・受注者という立場が相違するビジネス面からの観点があることを整理しなければならない。

プロジェクト・ビジネスの観点で見ると、成功・失敗は立場の異なる関与者があるので、少し複雑になる。これを整理して、成功・失敗の局面を以下のような4つの場合に分類して検討するのが適当である。

1) 発注者も満足し、受注者も満足　　　（成功：成功）
2) 発注者は満足し、受注者は不満足　　（成功：失敗）
3) 発注者は不満足で、受注者は満足　　（失敗：成功）
4) 発注者は不満足で、受注者も不満足　（失敗：失敗）

図4　プロジェクト・ビジネス面の成功と失敗

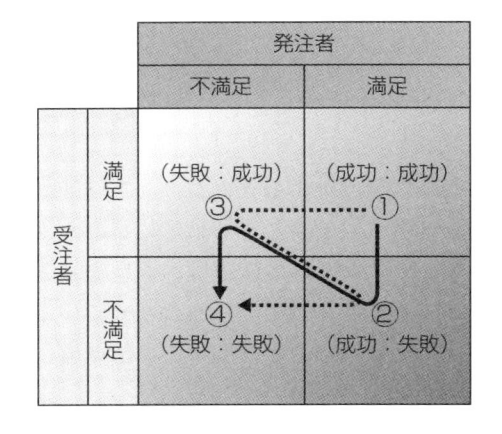

		発注者	
		不満足	満足
受注者	満足	（失敗：成功）③	（成功：成功）①
受注者	不満足	（失敗：失敗）④	（成功：失敗）②

発注者から見た
望ましい結果
①⇒②⇒③⇒④

受注者から見た
望ましい結果
①⇒③⇒②⇒④

誰が考えても、①が最も望ましい結果であり、④が最も避けたい結果である。もちろん、満足の度合い、不満足の度合いはいろいろあるので、単純化しきれないだろうが、重要なことは、②と③の場合が存在することである。すなわち、ビジネスとしてのプロジェクト特有の問題として、発注者・受注者の利害が相反することが少なくないということである。ちなみに、発注者から見た望ましい結果は、①→②→③→④であるが、受注者から見たそれは、①→③→②→④となる。もっとも、発注者にとっては、①→②→④→③という見方もありえる。

　実際のビジネス局面では、本質的なプロジェクトの成功・失敗ということが建前としては最重要であることは当然であるが、経済活動を目的とする企業にとっては、上記4つの場合を整理し、しかも発注者・受注者の取引面から、短期的な評価と長期的な評価のバランスも見ながら評価するのが現実的であろう。

　本書では、以降、主としてビジネスとしてのプロジェクトに絞った議論を進めることにする。

（3）発注者から見たプロジェクトの成功と失敗

　発注者とプロジェクト・オーナーとでは多少ニュアンスが異なるかもしれないが、ここでは両者は同じとして、発注者の立場で見れば、プロジェクトはある経営上・業務上の目標を達成するための仕事であり、あくまでも重要なことは経営上・業務上の目標を達成することである。

　また、プロジェクトによって、その最重要事項は異なる。たとえば、プロジェクトで構築する内容そのものの新規性や効率性や革新性が最重要である場合もあるし、とにかく時間的に早く実現しないと意味がないとか、法改正に合わせて時間の遅れは絶対にできない場合や、インターネット証券取引システム構築のように品質と性能が業務そのものであるとか、宇宙ロケットの発射のように1回勝負で万全の品質確保こそが重要であるといった具合だ。

しかも、それらが大規模で長期の期間が必要な場合ほど、プロジェクト途上での目標変更、要件変更、条件変更の可能性が高く、それに適切に対応することが成功条件の重要な要素になることが少なくない。

　これらを踏まえてプロジェクトを発注するには、まずは当初の予定をクリアに定義し、受注者にきちんと伝えることが必須となる。同時に、変更の可能性への対応方法を組み込むことも重要である。たとえば、追加コストのための予備費を適切に予算化しておくとか、稼動時期のコミットを条件つきで設定するなど、あらかじめ視野に入れて対策を組むことが、結局は、受注者も含め関係者が一体になって成功に向けて突き進むための必須条件になる。

　また、発注者といっても、経営レベルの立場、直接的なプロジェクトの責任者、そのプロジェクト結果を利用するユーザーのレベルでは、ものの見方も価値観も異なるのが普通である。そのため、発注側で意見の調整をするための委員会とか調整チームなどを設け、公式見解を統一できるような体制作りをプロジェクト開始前に行うことも重要である。

　発注者という経済取引慣行上の強い立場にかまけて、成功のために必要な自助努力を十分に果たさないことが、プロジェクト成功への足を自ら引っ張ることになることを知る必要がある。受注者に過度な負荷をかけるとか、明らかに無理なスケジュールやコストを強要するとか、単にリスクを他者に押しつけるようなやり方は、くれぐれも慎むべきである。

(4) 受注者から見たプロジェクトの成功と失敗

　プロジェクト・ビジネスを行っている受注者にとっては、個々のプロジェクトは多くの同様な仕事のなかの1つである。そういう観点で見ると、個々のプロジェクトの成功・失敗は比較的単純に定義できる。

　特に受注者企業の経営者・マネジメントは、プロジェクトの採算とその規模が最大の要素であることは疑う余地がない。もちろん新技術プロジェクト、新規顧客のプロジェクト、大規模なプロジェクト、今後の経営展開のための戦略的位置づけのプロジェクトといったような意味合いを持って重要視することはあるが、その最終目標は、当然ながら、売上げの大きさ・タイミング、コストの大きさ・タイミング、結果としての利益の大きさ・タイミングということになる。

　失敗プロジェクトは、プロジェクトが予定の時期に間に合わない、コストが予定の範囲に納まらず数倍、数十倍かかってしまう、完成したはずのプロジェクト結果を発注者が受け取らない、または受け取ってもらえない結果しか達成できない、ということに尽きる。

　受注者にとっては、プロジェクトが予定の時期に完成しないということは、売上げにつながらないとか売上げの時期がずれてしまうということであり、コストが増大することは、発注者に追加で補充してもらわないかぎり、利益を食いつぶし、赤字プロジェクト、大赤字プロジェクトに直結するということである。まして、受け取ってもらえないプロジェクトは最悪である。

　大赤字になったプロジェクトが成功といえることは稀有である。「将来への投資と考え、貴重な経験としてノウハウを活かす」などという議論は、事後処理としてのご都合主義、事なかれ主義、馴れ合いの発露である。少しポジティブに考えたとしても、せいぜい敗戦処理として、関係者の心のケアになるという程度であろう。

4 プロジェクトはなぜ失敗するのか

　プロジェクトの失敗は想像する以上に多いし、失敗の内容・程度も次のように多種多様である。

1) 当初の達成目標をまったく達成できず、途中で断念し中止するもの

2) 不満足ながらも当初目論見よりレベルの低いものでも我慢して実用するもの

3) 実現時期が当初予定を大幅に遅延したもの、または時期を失したもの

4) 当初予定の費用が大幅に増加してしまったもの

5) プロジェクト実施中に政治的状況変化・法的規制の急変などによるプロジェクト自体の意味合いの抜本的変化が起こってしまったもの

　すべてが満足である状態以外は、何らかの問題を残したプロジェクトなのである。また、発注者・受注者の立場から見れば、一方が成功と評価しても他方にとっては失敗といわざるをえないこともある。
　プロジェクト・ビジネスのなかでは、大きな失敗は、自らの経済的痛みだけでなく、発注者・受注者のどちらにとっても不名誉なことであり、原則として外部に知られることを嫌う。我々が新聞・雑誌などで目にするものは、それらの実態のほんの一部である。しかも深刻なものほど、その情報が外部に出てくることはない。
　今までの長い歴史のなかで、プロジェクトの失敗（および成功）の

原因はかなりはっきり分類され、認識されているといってよい。

その原因は、受注者内のプロジェクトから見て「企業外の要因」と「企業内・プロジェクト外の要因」「プロジェクト内の要因」に分けて考えられる。そして、これらの多様な要因が相互に絡み合ったり、連鎖したりして複合的な難しい状況を引き起こすことになる。

一般的にプロジェクト・ビジネスで受注者になる企業のプロジェクト・マネジャーは、プロジェクト範囲（SCOPING）で定められたなかで、また対外的・対内的な多くの制約条件のなかで、所定の目標を達成することになる。大雑把にいえば、守りの仕事を求道者のごとく取り組むような宿命にあるといえる。

以下に、プロジェクト失敗の主要な原因を、企業外の要因、企業内・プロジェクト外の要因、およびプロジェクト内の要因に分けて示す。

図5　プロジェクトの失敗原因

(1) 企業外の要因
1) プロジェクト初期の詰めの甘さ
2) 範囲定義不十分と共通理解のずれ
3) 顧客とのコミュニケーション・ギャップ
4) 制度・文化ギャップ
5) 提案・受注の種類・タイプによる重要事項が異なることの認識不足
6) 外部環境変化への認識不足と適応力不足
7) 不可避な事象からの影響

(2) 企業内・プロジェクト外の要因
1) 経営者や経営のプロジェクト・ビジネスへの認識不足
2) プロジェクト・ビジネス戦略と経営方針の不明確
3) 企業内経営者と部門マネジメントとのコミュニケーション不足
4) マネジメントからプロジェクトへのリソース付与の不十分・不適切
5) マネジメント・レベルのプロジェクト状況把握の甘さと対策の不適切や遅れ
6) 上記のすべての組織的取り組み不足

(3) プロジェクト内の要因
1) プロジェクト・マネジメントの不徹底
2) プロジェクト・マネジメント・プロセスの欠如・未成熟
3) プロジェクト内のコミュニケーション・ギャップ
4) スコープ・仕様の確定・合意の不十分
5) 見積りミス
6) 技術者の質・量の不足
7) 外部技術者の確保不足
8) 最新技術への準備不足

これらの多種多様な要因を克服して、プロジェクトを失敗させない方法を提案するのが本書の目的である。対症療法的手法では、要因が多彩であるために十分な対策にならないことは明らかである。本質的な対策を考えると、深層部分で経営レベルの課題に辿り着く。しかも現象面に近いレベルでも、プロジェクト・マネジメント・プロセスの問題、果てはプロジェクト・マネジャーの個人能力向上にまで必ず行き着く。

　本書で特に指摘したいポイントは、次の2点である。

1）個人に権限を十分与えないとか、十分なサポートをしないで、失敗したときの責任だけを押しつけるようなことのないよう、経営の責任を果たすことが重要である。

2）経営責任を果たすとは、率先してそのための改革・改善を行うことである。

　不十分な経営力、経営努力の犠牲になって、日夜、私生活すら犠牲にしてプロジェクトに取り組んでいる数多くのプロジェクト・マネジャー、プロジェクト技術者、プロジェクト関与者がいるという現実がある。そういう状況を知らなかったり、知っていてもどうしていいか分からず、あえて黙殺している経営者に対して、何をどうすればいいのかを提案したい。今現在そういう状況にいる人、明日そうなる可能性のある人々のすべてに有効な状況分析の基準線を示し、より生産的でやりがいのある状況を作り出すための打開策と方法論を提供したい。

5 プロジェクト成功のために必要なこと

　プロジェクトを必ず成功させる方法はない。しかし、成功する可能性、確率を高めることは、本気でやれば比較的簡単に実現可能である。では、何をどのようにすれば、プロジェクトを成功させる確率を高めることができるのかを考えてみよう。

　プロジェクトの成功確率を上げるために見直し、整備し、改革すべきことは大変多い。それらすべてを実施することは、企業経営と同様にほぼ永遠のテーマであり、最終到達点のない課題でもある。

　そのために注意しなければならないことは、大きな構図で全体像を明確にし、誰が、または組織上のどの部分が何を成すべきかを整理してから優先順を検討し、具体的な対策を確実に行うことである。

　プロジェクトの成功・不成功は、いわばプロジェクト・マネジメントの巧拙そのものであるとして、プロジェクト・マネジャーに対し徹底的に教育・訓練を施して鍛え、さらに最も優秀な人材を投入すれば済むであろうか。それでうまくいく場合もあるかもしれないが、本質的な対策としては的外れな考え方といっていい。

　では、プロジェクト・マネジメント・プロセスを厳密に整備し、全社で厳しく遵守させることによって解決できるであろうか。それでうまくいく部分もあろうが、それですべて解決ということはありえない。

　まして、経営者だけが、赤字プロジェクトの経営に与えるインパクトを声高に訴え、プロジェクト・マネジャーの責任をあげつらってその奮起を促すとか、プロジェクト・マネジャーの成功報酬制度だけを極端に充実するといったような方策だけでは、もちろん解決するものではない。

　要するに、どこか1ヵ所だけを徹底的に強化するだけでは不十分な

のである。プロジェクトの遂行には多くの要素が、直接・間接に変幻自在に深く関わってくるからである。

　プロジェクトの外部条件・外部事象は、プロジェクト・マネジャーがコントロールできないものが多い。しかし、コントロールできないから何もしないというわけにはいかない。少しでも先読みしながら、外部条件の変化をプロジェクトにとって好ましい効果に誘導し、好ましくないことについてはその影響を最小にするための対策を打っていかなければならない。

　特に、プロジェクトという観点で見ると、顧客は一般的に気まぐれで気が利かないと思えることを平気で要求してくるものである。往々にしてプロジェクトの内部的な条件・事象に影響をおよぼしたりする。

　いずれにせよ、プロジェクト・マネジャーは、ほとんど息つく暇なく押し寄せてくる課題に的確に対処していくことが重要だ。たとえば、社内のビジネス・ルールやプロジェクト・マネジメント・プロセスの遵守、社内の担当営業との行き違いとか思惑違いを調整し、プロジェクト要員の確保、要員のスキルやチーム・メンバーの問題の解決、プロジェクトが計画通りにいかないことへの対策、プロジェクト遂行のための機器を含めた環境を適時に整える調整作業など、さまざまな問題を解決することで、プロジェクトを成功に導くのである。

6　プロジェクト成功のための3つの能力

　プロジェクトを成功させる企業にするためには、多くの課題があることを深く正確に認識することが必須条件である。

　多くの課題はプロジェクト・マネジャーの能力やスキルで解決すべきものから、組織としてプロジェクト・マネジメント・プロセスや支援ツールを充実して解決すべきもの、さらに経営レベルで対策しないと本質的な解決にならないものなど、原因・解決のレベルも多岐にわたる。ただそれらを、思いつきや目につくところ、限られた大きな失敗プロジェクトの分析だけからの対応策を打つような改善では、目に見える即効効果を得ることはできず、モグラ叩き状態に陥り、中途半端にまじめな対策をしようと意気込むほどすぐに息切れし、徒労感を感じることになる。

　対策すべき企業機能や組織機能のレベルと、対応すべき人が異なるのであるから、その対策分野の視点から捉えて、次の3つの能力向上の課題として整理することが必要である。

(1) PM組織力　（プロジェクト・マネジメント組織力）
(2) リーダー力　（リーディング力、またはプロジェクト・マネジャー力）
(3) 経営力　　（プロジェクト・マネジメント・インフラ力、または企業力）

　以上の3つの能力のバランスをとりながら、それぞれを向上させることこそがプロジェクト成功のための正攻法である。バランスの崩れた対策は、一時的な対症療法、局所的治療となりえても、すぐに限界に突き当たり、モグラ叩きゲームのような様相に陥るだけである。

図6　プロジェクトを成功させる3つの力

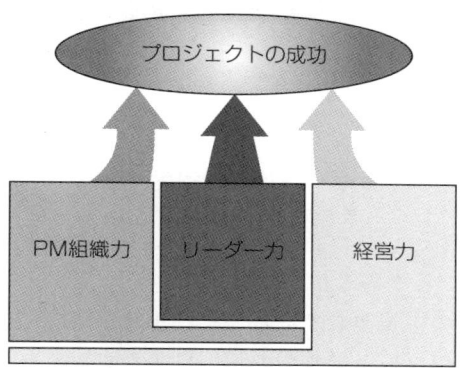

　以下、本章では、この3つの能力をいかに向上させていくかについて解説を加えていくが、それぞれの境界は明確には切り分けにくい部分もあるし、相互に関連しあうものも少なくない。その詳細部分の仕分け、メリハリは、個別に自社の実現検討時に定義すればよいことである。

　ここでは、これらの能力の整合性を検証しながら、一貫した対策や整備をする観点こそが重要であることを強調したい。効果を早期に効率よく、思い通りに出すためには、バランスよい改革・改善こそが重要なのである。

　当然ながら、バランスがよいということは、総花的であるという意味ではなく、全体を正確に見据えた上で、優先順をつけて、順序や実現時期を考え、戦略的に各プロジェクトを進めるという意味である。

7　PM組織力

(1) PM組織力とは

　PM組織力とは、プロジェクト・マネジメントを実際に行うときに、企業として整備しているプロジェクト・マネジメント・プロセスの程度（成熟度）のことである。プロジェクト・マネジメントはプロジェクト成功のための主要要素であることはまちがいないが、その割には企業によってそのプロセス整備の程度はまちまちであり、その結果として、プロジェクト・マネジャーの純粋な個人能力に依存することが多い。

　プロジェクト・マネジメント・プロセスの内容は、以下に示す10の要素をいうが、詳細については第2章で述べる。

　　1) 統合マネジメント　　　　（Project Integration Management）
　　2) スコープ・マネジメント（Project Scope Management）
　　3) タイム・マネジメント　　（Project Time Management）
　　4) コスト・マネジメント　　（Project Cost Management）
　　5) 品質マネジメント　　　　（Project Quality Management）
　　6) 人的資源マネジメント　　（Project Human Resource Management）
　　7) コミュニケーション・マネジメント
　　　　　　　　　　　　　　　　（Project Communication Management）
　　8) リスク・マネジメント　　（Project Risk Management）
　　9) 調達マネジメント　　　　（Project Procurement Management）
　10) 契約マネジメント　　　　（Project Contract Management）

　これらの各要素について、その具体的な方法として、効果的、効率的、品質を高めることがどのくらい組織力として整備できているか、

図7　PM組織力

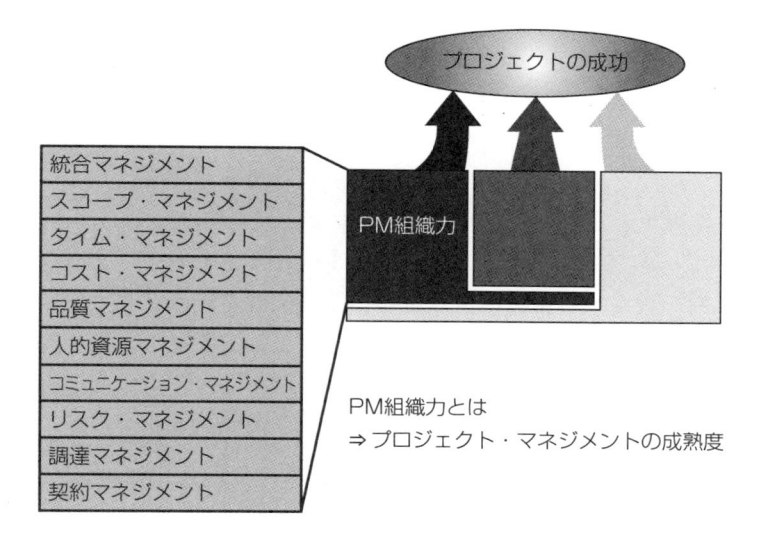

| 統合マネジメント |
| スコープ・マネジメント |
| タイム・マネジメント |
| コスト・マネジメント |
| 品質マネジメント |
| 人的資源マネジメント |
| コミュニケーション・マネジメント |
| リスク・マネジメント |
| 調達マネジメント |
| 契約マネジメント |

PM組織力 → プロジェクトの成功

PM組織力とは
⇒ プロジェクト・マネジメントの成熟度

実践できているかがポイントになる。単に決め事ができているだけでは何の意味もない。あくまで実践できていること、有効であることが必要である。

　単純に明確な決め事すら十分できていない企業・組織もあろうし、決め事だけでなく、テンプレート化・サンプル共有化まで徹底しており、プロジェクト・マネジャーが効率的に作業できるとともに、種々の再利用の仕組みまで確立しているといったレベルにある企業・組織もあろう。

　同じ個人的な能力を持ったプロジェクト・マネジャーでも、そのプロセス力、PM組織力のいかんによってその個人力を発揮できる程度も違ってくるし、プロジェクト成功・失敗の結果も大きく変わってくる。

　個々のプロジェクトを実施する場としての組織の能力は、直接的にプロジェクトの成功を支えるものである。

(2) プロジェクト・マネジメントの仕組みの文書化

　プロジェクト・マネジメントとして、どの時点でどういう理由で何をしなければならないのか、どうしなければならないのか、ということを誰もが簡単に共有できるように、形式化（文書化）しなければならない。その際、以下の点に配慮する必要がある。

1) 文書化するために文書全体の構成・体系を明確にし、たとえば、ルールと指針・ガイドの違い、ルールと基準の違いと関係、番号を付与する場合は番号付与基準、文書の書式、改定履歴の書き方などを、分かりやすく、しかも追加・変更が容易にできるような仕組みにしておく。文書の承認プロセスと権限、内容通達の方法、管理の責任なども合わせて明確に決めることが円滑な運用には欠かせない。

2) テンプレートを多用すべきである。この場合、その使用方法と実用的な複数の使用例も合わせて利用できるようにする。現実のプロジェクトでの作業は、時間が十分でない状況でプロジェクトの主要目的物であるプロダクト作成の他にも、いろいろな計画書や報告書などを作成しなければならないので、現実的な事例や共通的に使用できるものが最も有効であり重宝である。
　無駄な説明会などをなくし、イントラネットなどで簡単に全員が共有できる場を設けそこに公開するなどして、プロセス整備・運用責任者の負荷を増やさないようにする。

3) 文書化するにあたり、だらだらした文章のヤマは絶対避けるべきである。できるかぎり、フローチャートや図表を多用することが望ましい。初めてプロジェクトに参加する人も含めて、多くの関係者が、短時間で容易に理解できることが、仕組みの利用を徹底するための必要条件である。
　文章で書くにしても、要点はすぐ分かるようにし、そもそも論

図8　PM組織力の整備と実践

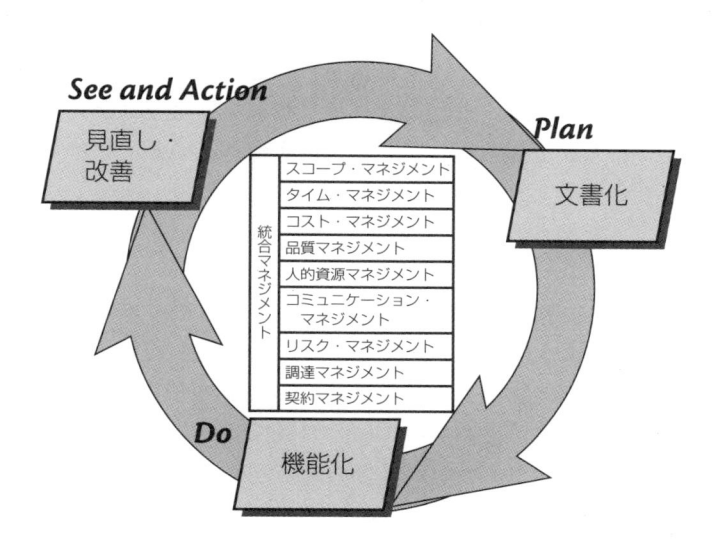

See and Action　見直し・改善
Plan　文書化
Do　機能化

統合マネジメント
- スコープ・マネジメント
- タイム・マネジメント
- コスト・マネジメント
- 品質マネジメント
- 人的資源マネジメント
- コミュニケーション・マネジメント
- リスク・マネジメント
- 調達マネジメント
- 契約マネジメント

とか、なぜ必要かといった説明は、必要であれば読めばよいと明示しておくくらいの工夫をすべきである。

4) つねに全体像を意識し、全体のなかのどの位置づけの文書であるのか、また、関連するものが何で、どのように関連するのかといったことを表示することが、つまらない誤解や曲解を防止することになる。

(3) 仕組みを機能させる

　文書化し、規定を作成することは簡単ではないが、それほど難しいことでもない。難しいのは、決め事をそのとおりに忠実に実施し、漏れなく徹底することであり、これはそう簡単なことではない。企業文化・風土・慣習にもよるが、一般的には大変難しいし、デリケートな対応を必要とする。仕組みを徹底していくためには、次のようなことに注意して、毅然として進めることである。

1）文書化した規定類は、紙のファイルで配るだけというようなことのないようにする。必要なときに企業内のイントラネットで参照できるようにする。変更も掲示板などを使用して、つねに最新版を迅速に更新する（昨今では組織変更、人事異動などはひんぱんに起きるのが普通で、この類の変更は特に迅速に対応したい）。

2）できるかぎりテンプレート化し、少しでも複雑なものは、記入例をつけて、初めて使用する人でも簡単に作成できるようにする。もちろんテンプレートは電子的に自由に取り出して自分の作業に利用できることは当然である。

3）最初の整備時点やまとまった追加・変更を行う場合は、主要な関係予定者に対して、説明・教育・訓練を実施する必要がある。対象者が広汎にわたる場合とか地域的に広がりのある場合は説明会だけでもかなり大変であるが、十分理解させる努力を惜しんではならない。
　可能なら、ITを駆使してイントラネット上でのWebベース・トレーニングなどを実施すれば、より効率的な効果を上げることができるだろう。

4）決めたことが徹底できているかを確認することが重要である。結果を特別に検査するようなやり方は避けたい。可能なかぎり、

ビジネス・ルールの流れに沿って、いくつかのチェック・ポイントを意図的に設けるなど、プロセスを策定する時点で、実施確認の方法まで見据えて検討しておくべきである。そういう意味では、作成する人や組織の見識とバランス感覚はきわめて重要である。作成者またはその責任者こそが、根本的な戦略・方針を体現するといっても過言ではない。

（4）仕組みの絶えざる見直し

　策定し、実際に使用・活用しているプロジェクト・マネジメント・プロセスも当然、つねにいろいろな改善が必要になる。長期にわたって改善しないような仕組みは、多くの場合役に立たない。決め事があるから仕方なく従っているというような、ほとんど無意味で無駄なプロセスの場合か、前向きの改善・改革のない組織に成り下がっている場合かの、いずれかである。大切なのは、使用している人たちから不満とか改善要求などがひっきりなしにあがってきて、いつも改定しているくらいでないといけない。

　そのためには、プロジェクト・マネジメント・プロセスを管理する責任者・部署を明確にして、その責任で使用状況や更新の要求、改定件数などの運用状況の報告書を作成し、公表するなどの刺激を与えて活性化の工夫をすることも重要である。

8 リーダー力（プロジェクト・マネジャー力）

　プロジェクトの成否は最終的には人次第である。いくら環境が整っていても、逆に問題だらけの環境やプロジェクトであっても、それを切り盛りするプロジェクト・マネジャーやプロジェクト・メンバーの個人の資質、能力、スキル、人間性、やる気などによって結果は大きく変わってくる。

　特にプロジェクト・マネジャーが、顧客や自社内マネジメント、プロジェクト・チームを適切にリードできるかどうかの能力こそが最重要である。リードするとは、方向づけし、関係者がその方向に向かって一致協力するように仕向けることであり、その上で実際のプロジェクトの推移に沿って、つねにプロジェクト成功に導くあらゆる方策をとることである。

　リードする力には、いわゆるリーダーシップを発揮できる能力のほかにも、交渉力、コミュニケーション力、問題解決力、社内外への影響力といったものが含まれている。

　プロジェクト・マネジメントの基本知識を持ち、それを適切に応用できることは基本要件である。また、プロジェクトのなかで重要な位置を占める技術がある場合は、その内容を理解・把握することが求められる。同時に、そのプロジェクトが対象としている業務内容についての知識・能力も、多くの場合、必要である。

　さらに、ビジネス・マインドの重要性は、プロジェクトのコスト面、採算面をつねに意識することであり、プロジェクト成功のためには重要な要件である。

　プロジェクト実行のための舞台の良し悪しは、純粋に経営レベルの経営力（インフラ力）とプロジェクト・マネジメントに焦点を絞ったPM組織力のいかんによって決まってくるが、最終的な舞台全体の仕

上げは、演技する役者のリーダー力（リーディング力）によって決定するのである。

　現実には、ここでいうリーダー力は、プロジェクト・マネジャー個人が中心になることは間違いないが、必ずしもプロジェクト・マネジャーだけの能力だけですべてが決まるわけではない。定常組織の責任者、経営者、プロジェクト・チーム、顧客、その他のステークホルダーを含めた役者全員が協力し、補いながら発揮する能力を含むことである。

　リーダー力の中心となる、プロジェクト・マネジャーの能力については第3章で述べるが、第2章では「人的資源マネジメント」で、第4章では「人材確保」の項で触れることになる。

9 経営力

　プロジェクト・マネジャーのリーダー力が、与えられたインフラの上で最大限発揮されることにより、プロジェクトの成功確率は上がっていく。プロジェクト・マネジャーの活動を支えるのは直接的にはPM組織力であり、それに沿ってマネジメントすることによって、プロジェクト品質を向上し、プロジェクト成功確率を上げることが可能となる。しかし、PM組織力だけでは十分でなく、そのPM組織力を支え、それを機能させるインフラ力が経営力・企業力である。
　たとえば、最新技術を身につけた特定の人材に対するニーズが極端に高く、そのスキルさえあれば多くのプロジェクトが受注できるような局面があったとしよう。PM組織力の人的資源マネジメントのなかでこの時点でできることは、ほとんど何もないといっても過言ではない。
　せいぜいできることは、その人材をいくつかのプロジェクトで共有するとか、外部人材を探すとか、大急ぎで人材速成のプログラムを起こすといった程度であろう。
　根本的な方策は、この状況を早期に想定して、戦略的に人材育成ができるかどうかということである。先手を打って人材育成するためには、経営レベルの感覚と手腕が問われることになる。
　そもそも、どういう新技術が次の時代をリードするのかということは、技術に対する先取り精神とともに、海のものとも山のものともつかない技術への投資リスクを背負うという覚悟が必要である。先行投資して人材開発できるかどうかは、純粋に経営課題そのものである。
　また、プロジェクトを請負で受注する場合のことを考えてみる。PM組織力として、プロジェクトの開始に先立って契約を締結すべきことを規定しているが、契約書の内容については特別な標準がなかっ

たとしよう。プロジェクト・マネジャーは、発注者と自分の知識と経験と常識で契約内容を交渉することになる。企業としては、きわめてリスキーな状況にあることは自明である。

　企業としての標準契約書を持ち、しかも、非標準契約の必要な場合の承認プロセスを設定することが必須である。この部分は経営力そのものに類することである。

　このように、PM組織力と経営力（PMインフラ力、企業力）の区別は、前者が基本的にプロセスの整備の程度を示すのに対し、後者はその内容（コンテンツ）そのもののレベルを向上するということになる。

　プロジェクトの成功確率を上げるためには、経営力（PMインフラ力、企業力）を整備し、向上することは必須条件の1つである。この部分をおざなりにしたり放置したまま、プロジェクトの失敗が減らないことを嘆く経営者は、一度冷静に胸に手を当ててみるべきである。

10 バランスとポジティブ・スパイラル

　高い確率でプロジェクトを成功に導く企業にするためには、リーダー力、PM組織力、経営力という3つの能力をバランスよく強化することである。

　プロジェクトで大きな失敗をするとか、新しいプロジェクトで問題が発生すると、それが経営に直接打撃を与える程度が大きいほど、問題が再発しないようにヒステリックに対策を急ぐケースがよく起こる。しかし、プロジェクトの問題の発生には、必ず原因があり、その原因は表面的な現象では窺い知れないような奥深いものであることが数多い。

　問題の再発防止とか予防的対策を実施しようとするなら、まずは冷静に全体像を整理することから始めなければならない。せっかくの改善意欲を「終わりのないモグラ叩き」によって、一過性の中途半端な徒労に終わらせないことが必要である。包括的な改革・改善プログラムとして、全体の課題マップ（あるべき姿に対する現状とのギャップを課題とする）を認識し、その上で課題を優先づけし、時間軸上において計画書を作成し、責任者を明示する。

　経営課題として経営者が自らリードするか、少なくとも強力にバックアップして本気で取り組むことが必須条件である。株主対策のための「フリ」の対策など論外である。経営者が本気で取り組まなければ、間違いなくうまくいかないし、必ず途中で挫折する。

（1）3つの能力向上のスパイラル

　3つの能力は、いずれもがプロジェクト成功確率を上げるために必要な条件である。どれか1つまたは2つでは十分条件にはなりえない。それらは相互依存しあう関係があり、単独ではありえない。そのことを承知して、3つの能力を互いにバランスさせながら、繰り返し継続して改善していくことが、結果としてプロジェクトを必ず成功させる組織・企業になっていく唯一の手段である。

　つまり、3つの能力向上のポジティブ・スパイラル（Positive Spiral）を描きながら、しかもその速度を加速していけることこそが、プロジェクトを成功させる企業作りの真正面からの取り組み方である。

図9　3つの能力の上昇スパイラル

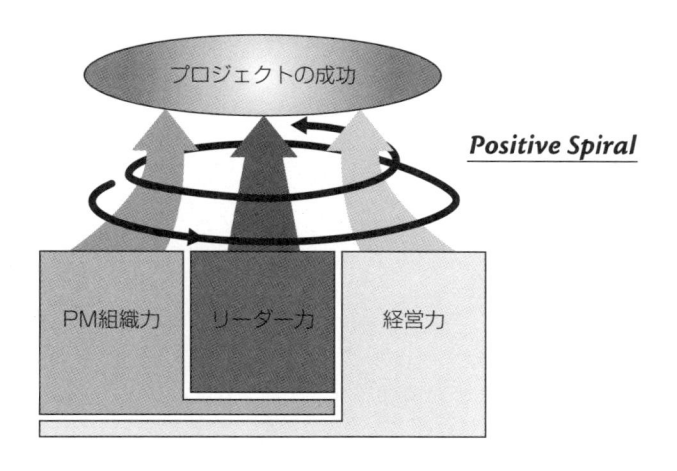

(2) リーダー力を支えるPM組織力

　PM組織力は、プロジェクト・マネジメント・プロセスを整備することによって強化する。

　プロジェクト・マネジャーは、特にプロジェクトの初期段階では、あらゆる作業がたて込んで、多忙であるのが普通である。プロジェクト・マネジメントの観点からも、プロジェクト初期に作成すべき計画書は多いので、プロジェクト・マネジャーが何をしなければならないのか、どのテンプレートを使用すれば簡単に計画書を作成できるのか、というようなことをサポートできなければならない。下手なプロジェクト・マネジメント・プロセスを作ると、プロジェクト・マネジャーの足を引っ張るだけの、サポートするどころか邪魔をすることになりかねない。

　ルールやいろいろなプロセス、サポート・ツールなどを駆使して、プロジェクト・マネジャーが自身の持てる能力を十分発揮してプロジェクト成功を勝ち取ることが、PM組織力の目指すところである。

(3) PM組織力と連動した経営力

　PM組織力はプロジェクト・マネジメント・プロセスを、多くの経験を組織知として形式化したものである。主として、仕事のやり方に関するサポート・システムである。プロジェクトを実行するとき、その各プロセスに関わる中身（コンテンツ）が最重要である。

　たとえば、プロジェクトが途中まで推移した時点で、かなりインパクトのある仕様変更を突然顧客から要求された場合、プロジェクト・マネジャーとしては、変更に関わる増加コストの負担は顧客にあると判断し、それによるスケジュール変更（延期）は当然のこととして交渉に入ろうとするに違いない。とはいえ、企業戦略レベルでその顧客が最重要顧客と位置づけられ、そのプロジェクトが最新技術を使用したもので、成功の暁には他社への横展開の可能性がきわめて高いといった場合、プロジェクト・マネジャーは自分の担当プロジェクトの都合だけで強硬に交渉すべきかどうか検討する必要がある。

　つまり、つねに企業戦略に沿って、すべての意思決定が行われるべきだとすれば、強硬な建前ベースの交渉にならないよう注意が必要であるし、場合によっては、担当営業や経営者が別レベルで合意しており、プロジェクト・マネジャーとしての交渉はもはや意味のないことになっているかもしれない。

　こういうケースでは、企業としての顧客戦略がどの程度明確になっているか、その場合、この例のような変更管理プロセスの運用まで反映すべきかどうかも明示されていなければならない。要するに、顧客戦略をプロジェクトの変更管理プロセスにまで影響させるかどうかという経営判断の問題である。プロジェクト・マネジメントの原則からすれば論外ではあるが、現実には起こりえることである。

　経営力は企業全体の企業力である。そういう意味ではPM組織力は、当然経営力に含まれるものでもある。

(4) PM組織力と経営力の境界

　PM組織力と経営力の関係を図10に示すが、PM組織力については第2章で、経営力については第4章で詳しく述べる。

　PM組織力では、プロジェクト・マネジメント・プロセスを主体として述べているが、ビジネス管理の観点は、基本的に入っていない。もちろん、コスト・マネジメントとしては詳細に述べられているが、プロジェクト・ビジネスとして必要な、見積り、売上げ、プロジェクト予算管理、人件費の予定原価、プロジェクト諸経費の扱い、外注費用の扱い、仕掛りコストの扱い、などといった企業経理につなぐためのビジネス管理の仕組みについては一切触れていない。これらは、現実的には企業レベルのビジネス管理システムとして整備されていなければならないが、その内容はPM組織力で述べている要素と密接に関連しているので、十分整合性を確保しなければならない。

　両者の境界面ではこのことが、直接的な関係として存在している。

(5) プロジェクト実行環境を意識した経営力整備

　時代変化に適応して、企業はつねに改革と進化をすることが生き残りのため、いや、次の成長のために必須のことである。時代に適合した経営基盤、企業力を誇れるほどの企業は、それはそれですばらしいことであるが、時代は一刻も流れを止めないので、つねに根本から見直しをし、必要な手直しをしなければならない。

　時代に適合した企業にするために経営改革・革新を進めることが必要であり、これを本書では、「経営力強化プログラム」と呼ぶことにする。「経営力強化プログラム」として経営全体の見直しと改革のフレームを創るが、そのときの重要視点として、プロジェクト実行のインフラとしての側面をチェックし、整合性を確保しながら補強するべきである。

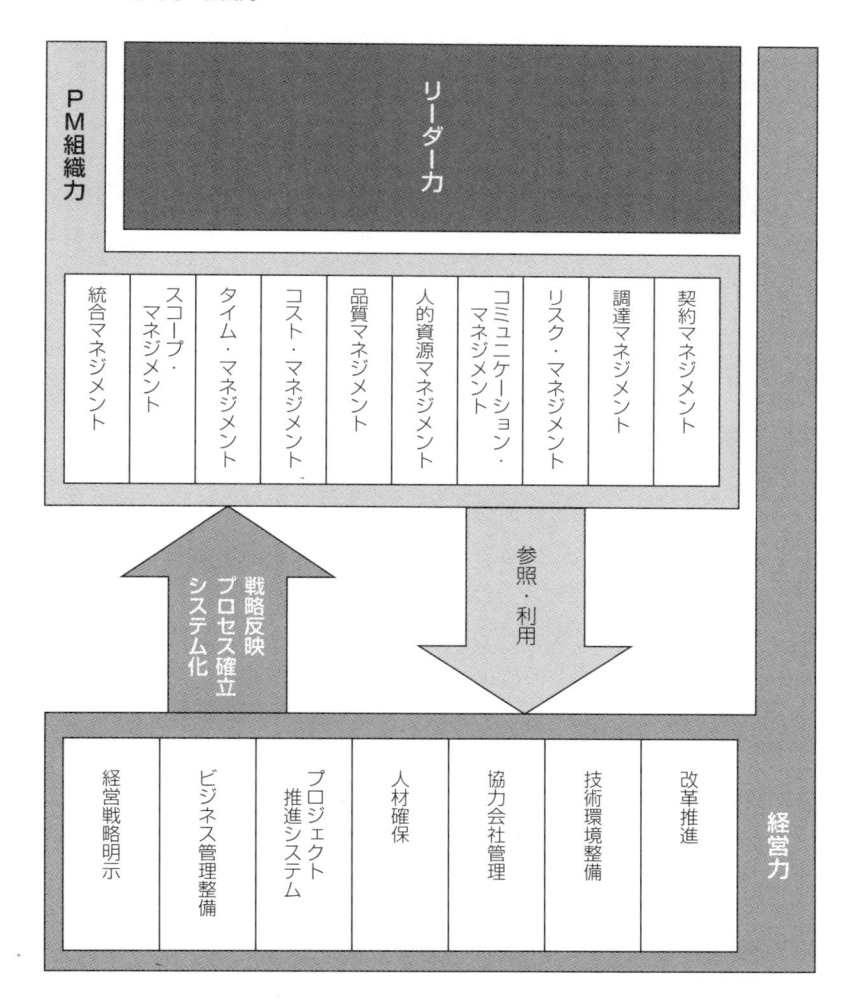

図10　PM組織力と経営力

PM組織力									
リーダー力									
統合マネジメント	スコープ・マネジメント	タイム・マネジメント	コスト・マネジメント	品質マネジメント	人的資源マネジメント	コミュニケーション・マネジメント	リスク・マネジメント	調達マネジメント	契約マネジメント

↑ 戦略反映 プロセス確立 システム化　　　↓ 参照・利用

経営戦略明示	ビジネス管理整備	プロジェクト推進システム	人材確保	協力会社管理	技術環境整備	改革推進

経営力

第1章　プロジェクトの成功と失敗——49

11 PM組織力・経営力向上の施策のために

　どんな改革もその主軸がブレたり、ふらついたりすると完遂することはありえない。PM組織力、経営力を向上させるためには、経営レベルで改革・革新を実行する強い意志を持つ必要がある。その上で、現状のレベル、問題点などを見ながら、優先度、整備順序などを検討し、企業体力に応じて計画・実行する。

(1) マネージできることの前提はビジブル
　実態がよく分からない、適切な実績処理ができているか不明である、といったことは通常、ことの大小によらず数多い。こういう場合、大所高所の議論以前に足元の事務処理、ビジネス管理システムの品質を上げることが最優先である。「Manageable」の前提は「Visible」である。この観点を優先度づけのときの基準にすることが現実化のための必要条件である。砂上の楼閣にならないようにしないと、せっかくの改革が無意味になる。

(2) 優先課題
　誰もが分かる、直接効果のある結果がすぐに出る課題を意図的に初めに入れるべきである。早く結果を出して、次への景気づけにすることは、若干の作為があったとしても、事実を突きつけることが、誰にでも納得でき意欲を掻き立てる方法である。

2 プロジェクトを計画・実行するPM組織力

プロジェクト・マネジメント・プロセスを組織的に整備することは、プロジェクトの成功のためには、必ず実施すべき課題である。個人的な能力・スキルは最終的に決め手となりえるが、それを効果的に効率よく発揮させるための組織的なプロジェクト・マネジメントの仕組みの優劣こそが、直接的にプロジェクトの成否を支配するといっても過言ではない。これをPM組織力（プロジェクト・マネジメント組織力）と呼ぶ。

本章では、組織力としてのプロジェクト・マネジメント・プロセス整備をする前提で、PMBOK（A Guide to the Project Management Body Of Knowledge）のプロジェクト・マネジメント・プロセスを基本的なフレームとして、その要素に順じて述べていく。

最初に、フレーム（全体像）について触れるが、これは、プロジェクト・マネジメント・プロセスとプロダクト・プロセスの分離とその関係について注意を促すためである。つぎに、プロジェクト・マネジメント・プロセスの構成要素を概観する。

そのあと、10項目の要素（PMBOKでは知識エリアと呼ばれる）について解説する。まず、PMBOKで述べている要点を確認し、それを念頭におきながら、一般的な現実の状況を把握し、向上・整備のための方法とポイント、さらに経営レベルの課題である経営力との関係について述べる。そのあと、各要素に関する現実的な事例として「問題発生ケース」を取り上げ、その原因と対策を紹介する。

1 プロジェクト・マネジメント・プロセスとプロダクト・プロセス

　PMBOKでも言及していることであるが、プロジェクト・マネジメント・プロセス（PMプロセス）とプロダクト・プロセス（プロダクト・オリエンティッド・プロセス）は別物として考えるべきである。ITの分野においても、システム構築やソフトウェア開発の方法論・メソドロジー（Methodology）が外国からきたものを中心に数多く存在する。

　たとえば、Software Products（Packaged Software）の使用を前提にしたもの、試作を繰り返しながらシステムを成長させるプロトタイプ（Proto-typing）や成長型（Evolutional Model）を前提にしたものなど、昔ながらのウォーターフォール型（Waterfall Model）だけでは対応できないので、より効率的で洗練された方法論が開発されている。

　多くの場合、それらはプロダクト・プロセスを定めるものであり、PMプロセスは明確に別のものとしている場合が多いが、両者を渾然一体とした未分化のものもある。

　プロジェクト・マネジメントの重要性、難しさ、プロダクトによらない共通性などを認識するなら、これらを整備するときは、両者は関係深いけれども別物として考えるべきである。

　1つの企業のなかでも、プロダクト・プロセスはプロダクトの種類の数だけ存在するか、基本的な「How To」の異なる方法の数だけ存在するのが自然である。しかし、PMプロセスは、1つだけのほうが、多種多様なプロダクトを管理・把握するために、より現実的である。

　PMプロセスは、基本的に1つでよい。もちろん、PMプロセスを個別のプロジェクトの規模・複雑性・重要性などに応じて、簡単にカスタマイズできるような先進的なものもありえるが、原則的には標準PMプロセスは1つにすべきである。実用上は、標準PMプロセスを持った上で、必要に応じてそれを簡易化できるとか、補強できること

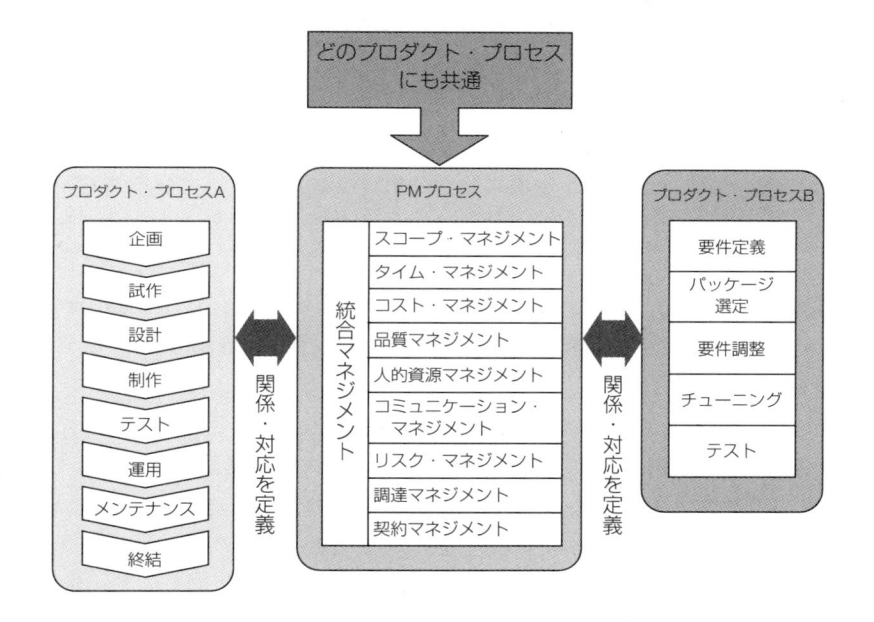

図11 PMプロセスとプロダクト・プロセス

```
                    ┌──────────────────┐
                    │ どのプロダクト・プロセス │
                    │    にも共通      │
                    └────────┬─────────┘
                             │
┌─────────────┐     ┌────────▼─────────┐     ┌─────────────┐
│プロダクト・プロセスA│     │    PMプロセス     │     │プロダクト・プロセスB│
│   ┌─────┐   │     │  ┌─────────────┐  │     │  ┌────────┐ │
│   │ 企画 │   │     │  │スコープ・マネジメント│  │     │  │ 要件定義 │ │
│   ├─────┤   │     │  ├─────────────┤  │     │  ├────────┤ │
│   │ 試作 │   │     │  │タイム・マネジメント │  │     │  │パッケージ│ │
│   ├─────┤   │ 統  │  ├─────────────┤  │ 関  │  │  選定  │ │
│   │ 設計 │   │ 合  │  │コスト・マネジメント │  │ 係  │  ├────────┤ │
│   ├─────┤◄─┤ マ  │  ├─────────────┤  │ ・  ├─►│ 要件調整 │ │
│   │ 制作 │   │ ネ  │  │ 品質マネジメント  │  │ 対  │  ├────────┤ │
│   ├─────┤   │ ジ  │  ├─────────────┤  │ 応  │  │チューニング│ │
│   │ テスト│   │ メ  │  │人的資源マネジメント │  │ を  │  ├────────┤ │
│   ├─────┤   │ ン  │  ├─────────────┤  │ 定  │  │  テスト │ │
│   │ 運用 │   │ ト  │  │コミュニケーション・ │  │ 義  │  └────────┘ │
│   ├─────┤   │     │  │  マネジメント   │  │     │             │
│   │メンテナンス│   │     │  ├─────────────┤  │     │             │
│   ├─────┤   │     │  │ リスク・マネジメント│  │     │             │
│   │ 終結 │   │     │  ├─────────────┤  │     │             │
│   └─────┘   │     │  │ 調達マネジメント  │  │     │             │
│             │     │  ├─────────────┤  │     │             │
│             │     │  │ 契約マネジメント  │  │     │             │
│             │     │  └─────────────┘  │     │             │
└─────────────┘     └──────────────────┘     └─────────────┘
```

を前提にするものが望ましい。

　企業のなかで実用的なプロセスを整備する場合は、この両者、つまり、プロダクト・プロセスとPMプロセスの関係・対応を分かりやすく定義し明示しておくことが必要である。その整備されたプロセスによって、実際のプロジェクトや仕事を遂行する人々が、分かりやすく、使いやすいものになっていなければならない。

　以降、本書ではプロダクト・プロセスについては個別に必要なものを策定するものであるので触れないで、PMプロセスについて述べる。

　PMプロセスの定義は、PMBOKで行っているように、全体フレームを明確にしたあと、各マネジメント要素を構成する各プロセスの定義を「入力」「ツールと技法」「出力」の3点セットで明示するのが理解を簡単にする上で適切な方法である。

2　プロジェクト・マネジメント・プロセスの構成要素

　PMBOKでは、9つの知識エリアをPMプロセスとして定義している。各要素間は、それぞれオーバラップすることは当然としても、整理の仕方は妥当であり、すでに世界標準（De-facto Standard）として認知されている。また、PMBOKのProject Human Resource Managementを「組織マネジメント」と訳している場合があるが、本書では英文に忠実に、語感としてはやや馴染みにくいかもしれないが、あえて「人的資源マネジメント」と表現した。

　また、PMBOKは、プロジェクト・ビジネスの観点は前面に出していない。プロジェクト・ビジネスの観点を前提とする本書の立場で考えると、どうしても1つだけ補充すべきことがある。プロジェクト発注者と受注者の契約である。PMBOKでは、調達マネジメント（Procurement Management）のなかに契約のことが述べられているが、受注者の側からの観点の記述は一切ない。プロジェクト・ビジネスの観点からは、顧客との契約と外注（Sub-Contractor）との契約は別物として述べることが現実的であるし、きわめて重要な要素である。それゆえ、本書では発注者と受注者の間の契約に絞って、契約マネジメント（Project Contract Management）として追加した。

　結果的に次の10の要素になる。そして、それらの関係は概念的には図12に示すようになる。PMプロセスの中心にスコープ・マネジメントがあり、その次のコア要素としてQCD（Quality、Cost、Delivery）に対応する品質マネジメント、コスト・マネジメント、タイム・マネジメントがあり、その外にサポート的な要素があり、一番外側に全体にタガをはめる統合マネジメントで締めているといったイメージである。この図は私が描いたもので、PMBOKのものではない。PMBOKでは契約マネジメントはなく、すべてが横並びで記述されている。

1）統合マネジメント　　　　　（Project Integration Management）
2）スコープ・マネジメント　（Project Scope Management）
3）タイム・マネジメント　　　（Project Time Management）
4）コスト・マネジメント　　　（Project Cost Management）
5）品質マネジメント　　　　　（Project Quality Management）
6）人的資源マネジメント　　　（Project Human Resource Management）
7）コミュニケーション・マネジメント
　　　　　　　　　　　　　　　（Project Communication Management）
8）リスク・マネジメント　　　（Project Risk Management）
9）調達マネジメント　　　　　（Project Procurement Management）
10）契約マネジメント　　　　　（Project Contract Management）

　では、上記の10の要素について、詳しく解説していこう。
　まず、PMBOKで述べている「要点」を示し、その要素のIT業界での「現実」の状況、その要素の「整備のポイント」、その要素に関連して経営レベルで意識すべき「経営力の整備」との関係などについて解説する。さらに、現実に起こりがちな「問題発生ケース」を紹介し、その「問題の原因」をさぐり、「対応策」を示したので、ぜひ参考にして、現場で役立てていただきたい。

図12　PMプロセスの構成要素

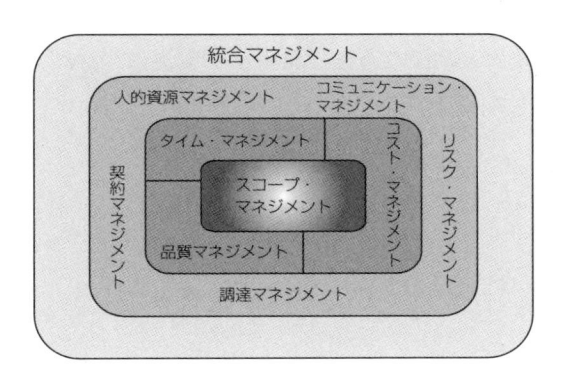

第2章　プロジェクトを計画・実行するPM組織力――55

1 統合マネジメント

要点

統合マネジメントは、以降に述べる各エリアの要素間で適切な連携がとれるようにするためのプロセスで、各PMプロセス要素を統合して整合性を確保するためのプロセスであり、以下の3つのプロセスからなる。

1) プロジェクト計画策定（Project Plan Development）
他の要素の計画プロセスの成果物を元にして、プロジェクト遂行とプロジェクト・コントロールの指針を与える首尾一貫したプロジェクト計画書を作成するプロセス。

2) プロジェクト計画の実施（Project Plan Execution）
プロジェクト計画遂行の主要プロセスで、プロジェクト予算の大半が消費されるプロセス。プロジェクト成果物が作り出されるプロセスである。

3) 統合変更管理（Integrated Change Control）
プロジェクト遂行の過程で発生する変更について統合的に管理するプロセス。

Project Integration Management

現実

　PMBOKでは、各管理要素を分解して整理しているので、全体の管理を統合するための管理要素として定義している。ここの各プロセスは、まさにプロジェクト・マネジメントをバランスよく行うための中核となる部分である。

　現実には、プロジェクト計画書（Project Plan）の標準書式とかテンプレート（雛形）といったものすら整備されておらず、従って計画書そのものがまとまった形になっていないとか、人によって内容や記述レベルがバラバラであるとか、小規模や短期のプロジェクトでは作成しないというような状況が多い。

　また、作成はするが必要な更新をしないために、プロジェクトが進むにつれ、現実とかけ離れた、役に立たないものになっていることがよくある。作れと言われたから作るといった形式主義に陥った状況である。更新ができていないと、プロジェクトのトラブルが表面化したとき、現存する文書類が現実とかけ離れているために、外部から応援体制を敷いても、せっかくの応援の効果を上げることができず、傷をさらに深くすることがよく起こる。

　変更管理についても、その手続き、手順を定めて顧客とも合意をとってきちんと実行している場合もあるが、なかにはそういうプロセスも合意もなく、ズルズルと処理しているケースもある。あとで互いに「言った、言わない」という水かけ論でもめることも少なくない。

整備のポイント

1) プロジェクト計画書のテンプレート、記入例をプロジェクトの規模、期間、複雑さなどに応じて使用できるよう、簡易版なども含め複数種類準備し、プロジェクト・マネジャーが作成するときにできるだけ効率的に作業できるようにするとともに、チェックリストの役割を持たせ品質確保できるようにする。

   これらは、プロジェクト開始以前に作成した提案書や見積仕様書、見積条件書、SOW（Statement Of Work）などの文書の内容を改訂することによって、プロジェクト計画書にするといった工夫がほしい。こうした工夫により、一貫した文書の整合性を確保できるだけでなく、何よりもプロジェクト・マネジャーの作業負荷を軽減するのに役立つ。

2) プロジェクト計画書の作成時期、更新すべき判断基準、レビュー・承認のタイミングと責任者を明確にする。

3) 変更管理についてそのプロセスを明確にし、変更管理のために使用する書式も組織的に決めておくほうが結局は効率的である。特に変更管理はスコープ変更、仕様変更などコストにインパクトのある場合が多いので、漏れなく正確に管理できるようにする。場合によっては受注価格の変更の交渉の根拠になる。

経営力の整備

1) 個別プロジェクトでの経験や作成したツールなどの再利用をするためのKM（Knowledge Management）の仕組みは、企業レベルで構築し運営することが必要である。掛け声だけのKMが叫ばれる傾向があるが、実質的な生産性を上げ、品質を上げ、時間短縮を図り、「いいことづくめ」を実現するためには相応の投資と覚悟が必要である。特に、プロジェクト・ビジネスを行う企業には必須課題であるが、実際に掛け声ほど実質的な効果を出している企業は多くはない。

   重要なことは、本気でやるということ、ITを駆使したシステム化・自動化を追求すること、再利用するためのブラッシュアップするプロセス・仕組みをもつこと、再利用する側に直接的な効用・ご利益を明確にすることである。

2) プロジェクトの初期段階のビジネス・ルールやレビューや承認のプロセスを明確にして、すべての関係者がそれを遵守するように教育・訓練をするように経営レベルで徹底させることが重要である。そうすれば、多くの問題プロジェクトが初期段階にその原因を生んでいるという事実を改善することができる。

3) さらに、初期段階だけでなく、実施・終了まで、プロジェクトのライフサイクルを通じて、つねに第三者のレビューを入れ、健全さを確保し、問題の早期発見をするような仕組み（ルール、規定、プロセス）が現実的に動くようにPMプロセスを整備することは、経営レベルの課題である。

問題発生ケース 1

プロジェクト・プランが未作成

　かなり激しい受注合戦の末、あるプロジェクトを何とか受注することができた。この顧客からの初めての受注である。早速、プロジェクト・マネジャーは社内のプロジェクト・チームを正式に編成するとともに、顧客との全体体制、全体推進の方法、基本要件の確認と、息つく間もなくプロジェクト立ち上げに忙殺されている。これらの打ち合わせに間に合わせるように、受注時の交渉で変更になった条件、新たに追加された条件などを整理し、プロジェクト計画書だけは作成していた。

　本来、社内ルールでは、プロジェクト計画書は、顧客と合意をとるための「プロジェクト計画書」と社内向けの「プロジェクト・プラン」を分けて作成することになっているが、忙殺されて「プロジェクト計画書」を作成するのが精一杯で、「プロジェクト・プラン」の作成までは手が回らなかった。

　本プロジェクトは短期納期で数十人規模のプロジェクト要員を動員する必要があり、社内のチーム編成も、中核メンバーは確保しているものの、早急にすべての要員を確保し、チーム造りをしなければならない。

　こういう状況下で、何が起こるだろうか？　プロジェクト・マネジャーの上司は、どういう取り組みを指示すべきか？

問題の原因 ❓

　プロジェクト・マネジャーが多忙で、プロジェクト計画書やプロジェクト・プラン作成に手を抜いていることが原因であり問題である。

　プロジェクト・マネジャーや上司は、プロジェクトの立ち上げ時が最初の勝負時であることを十分認識しなければならない。

　この時期にはいろいろなことが起こるので、気分も高揚しがちであるが、冷静に計画することこそが重要であることを忘れてはならない。目の前に起こる事柄をすべて順番に対応するのではなく、優先度を判断して効率的・効果的に処理していかないと、ある種のパニック状況に陥ってしまう。

　多忙を理由に、本当に必要な最優先事項から手を抜いてはいけない。まず、社内チームをできるだけ早く立ち上げることが納期厳守のためには最優先課題となる。単にメンバーの数を集めるだけではなく、メンバーの実質的な立ち上げを一刻も早く行うことが重要である。

　また、多忙ななかでプロジェクト計画書やプロジェクト・プランがすばやく作成できるような環境整備ができていないことも大きな原因である。

対応策 !

● プロジェクトの開始時には、顧客と確認すべき内容を文書ベースで行うべきである。プロジェクトの進め方についても、提案時・受注交渉時の内容を整理しプロジェクト計画書として作成する労を惜しんではならない。必ず、あとでいろいろな問題の原因になる。

● 顧客と確認する「プロジェクト計画書」をベースにして、社内のプロジェクト・チームやマネジメントにも分かるように「プロジェクト・プラン」を作成し、チームで共有できるようにする。これにより、時期が異なってチームに入ってくるメンバーに対しても、少ない時間で立ち上がりを効率的に行うことが可能になる。

● 顧客との間およびプロジェクト・チーム内でのコミュニケーションは、重要なことは書き物に（形式化）しておくべきである。あとあと「言った、言わない」「聞いた、聞いていない」といった揉め事は必ず起こるものである。

● プロジェクト計画書やプロジェクト・プランは、プロジェクトの基本線（ベースライン）として、実施の過程でつねに基準として位置づけ、実績との比較に使用する。これは、プロジェクトのブレを早期に発見し、必要な対策を先手で打っていくための基準の役割を果たす。また、プロジェクト統合マネジメントの軸にもなるのである。基軸を最初に明確にすることは、最低限必要なことは明らかである。プロジェクト計画書は、なんとなくまとめた文書ではなく、必要な内容を記述する

必要がある。

プロジェクト運営方針、体制、スケジュール、予算といった基本的な内容に加え、品質計画、要員計画、コミュニケーション計画、リスク・マネジメント計画、外注計画といったプロジェクト・マネジメントの各要素に関する計画をまとめておくことが実用的である。

これらの計画書は、テンプレートが組織だって整備されていないと、毎回ゼロから作成するので時間がかかり、プロジェクト・マネジャーの負担が極端に増えてしまう。PM組織力の向上が必須である所以である。

● 経営力に類するレベルでは、このような基本的な考え方を明確にして、プロジェクト・マネジメントのプロセスを規定し、最小限でも顧客向け「プロジェクト計画書」、社内用の「プロジェクト計画書（上記では、区別のためにプロジェクト・プランと呼称）」を作成させる必要がある。もちろん、プロジェクト計画書は作成することが目的ではない。必要な人が必要なときに共有して、それぞれの仕事がプロジェクト全体の仕事に有効に効率よく貢献できるようにすることが目的である。規模の大きいプロジェクトになるほど、その重要性は高くなる。

また、プロジェクト計画書のテンプレート整備やプロジェクト計画書作成を徹底するなどのPM組織力の重要さを認識して、その整備を指示し、実効性をチェックすることが必要である。

2 | スコープ・マネジメント

要点

　プロジェクトを完了させるために、要求されるすべての仕事、かつ要求される作業のみをプロジェクトの範囲に含めるためのプロセスである。プロジェクトに含まれることと含まれないことを定義し、その変更をコントロールすることが最も重要であり、以下の5つのプロセスからなる。

1) 立ち上げ (Initiation)
　プロジェクトまたは次フェーズの遂行を正式に認める一連のプロセス。プロジェクトの発生要因についても述べている。

2) スコープ計画 (Scope Planning)
　プロジェクト成果物を創出するためのプロジェクト作業（スコープ）を段階的に詳細化し、文書化するプロセス。スコープ記述書 (Scope Statement) として、プロジェクトの定量的な達成目標と主要なプロダクトを明確にし、プロジェクト・ステークホルダー間の共有を行う。

3) スコープ定義 (Scope Definition)
　スコープ記述書で定めたプロジェクト中間成果物を、より詳細で管理可能レベルに分解する。コスト、作業所要時間、資源所要量の正確な見積りができ、進捗測定の基準線 (Baseline) を定義でき、各作業の責任と権限を明確にできるレベルが管理可能なレベルである。

Project Scope Management

4) スコープ検証（Scope Verification）
   成果物と作業結果が計画段階で定義したスコープと合致していることを検証するプロセス。

5) スコープ変更管理（Scope Change Control）
   スコープ変更は合意されたものに限定し、その発生の確認と変更事象の管理を行う。

現実

　スコープ・マネジメントは、きわめて重要である。プロジェクトが失敗する最大の原因はスコープが明確でないこと、およびスコープの変更についてきちんと管理できていないことである。
　ここでスコープ（範囲）といっている対象は、プロジェクトで創出するもの（Products）とその創出のために必要な作業や材料をさしており、いわゆる仕様変更なども含めた、コストの変更（増加の場合が圧倒的に多い）に関わるものが非常に多いことである。
　特に初期段階でスコープ定義・合意が不十分であることがきわめて多い。もちろん、プロジェクトの特性として、初期段階ではあらゆるものの詳細化が十分でないので、詳細なレベルではスコープも十分詳細化できていないことはよくある。しかし、どんなに難しいことがあっても、プロジェクトの死命を制するスコープの定義だけは最大限の努力をして初期段階で可能なかぎり詳細化・明確化をしなければならない。そうしなければ、スタート時点から自らを苦しい状況に追い込むことになるのは避けられない。

整備のポイント

1) プロジェクトの立ち上げは、プロジェクト・ビジネスの場合は、契約締結が正式の立ち上げのトリガーになる。

   問題になるのは、正式な契約締結に先立って、内示書とか口頭内示とか、あうんの呼吸で開始するといった、きわめて日本的な慣習に従わざるをえない場合である。こういう場合は、少なくとも、受注側企業内では例外処理として、たとえば「先行着手承認規定」といった一定のルールを作り、上位マネジメントの承認を必要条件とするべきである。しかも、いったん先行着手したプロジェクトは、正式に契約締結するまで毎月上位マネジメントにプロジェクトの進捗だけでなく、契約締結の進捗についても報告することを義務づける。

   受注企業側のリスク・マネジメントの問題ではあるが、曖昧なプロジェクト開始は多くのリスクをはらむことを認識しなければならない。発注企業にとっても、プロジェクトが失敗すると、結局痛手を負うことになるので、早期にメリハリをつけることは最も重要なことである。

2) プロジェクトで創出するプロダクツ（Products）を明確にするだけでなく、スコープ計画によってプロジェクトの中間成果物や定量的な達成目標を明記する。これにより、顧客を含めたプロジェクト内の意識合わせをする。プロジェクト開始の早期に文書で意識合わせすることは、大いに意味がある。

3) プロジェクト開始時点で定義するスコープ定義が以降のすべてのプロジェクト活動のベースとなるので、その内容はよく吟味し注意深く作成すること。特に、PMBOKの基本的な手法であるWBS（Work Breakdown Structure）では、プロジェクトで必要とする作

業レベルまで詳細化することが重要である。プロジェクト・ビジネスでは、このWBSを標準テンプレートとして現実使用に近いものを持つかどうかで、提案活動、見積りの精度向上、プロジェクト実施面まで、あらゆるプロジェクト活動の品質が決まるといっても過言ではない。

プロジェクトが個別のものであることは論を待たないが、一方で、たとえば情報システムの開発プロジェクトでは多くの共通点があり、こうした共通点については組織的に標準化するとか、テンプレート化することにより、全体効率を大幅に改善できることが少なくない。

4) 特に現実のプロジェクトの開始時点では、プロジェクト・チームの編成も十分でなく、プロジェクト・マネジャーを中心とした少数のメンバーに負荷がかかり、しかも短時間で多くのものを準備しなければならないので、WBSの詳細化が不十分であるようなケースも多い。

「段取り7分に、実行3分」といった感覚はプロジェクトにこそそのまま当てはまるものである。特にWBS詳細化は、MS Projectなどのプロジェクト・マネジメント・ツールを使用する場合には必須条件である。「KKD（勘と経験と度胸）」だけでこなすプロジェクト・マネジメントは、必ずどこかで落とし穴にはまることは、今や誰でも知っていることである。まだ、昔の意識でプロジェクトを考えている人は、現代的な知恵と技術（ツール）を駆使するプロジェクト・マネジメントにチャレンジする時期にきていることを肝に銘じていただきたい。

5) スコープ検証の概念は、スコープ基準をつねに明確にしておいた上で、該当する時点で現実のスコープを照らして検証することである。

基本は、まず、スコープが何であるかをつねに把握できるように

しておくことから始まる。つねに把握できるようにすることがスコープ変更管理のプロセスである。

経営力の整備

1) プロジェクトの成否はそのスタート段階で大半が決まることを、経営者は知らねばならない。そのことを本当に分かっていたら、プロジェクト・ビジネスにおける、提案活動、見積り、その客観的レビューなどの業務プロセスを明確に文書化し、教育・訓練や経営者レベルからの適切なメッセージなどにより、徹底することが可能になる。
   スタート時点では、プロジェクトの規模や採算性や新規性などの目立つ部分にのみ目が行きやすいが、肝心なことは、冷静にリスクも評価しながら、現場の担当者が熱く取り組めるようにすることである。

2) 経営に直接的にインパクトを及ぼす可能性のあるものは、提案・受注に先立って経営レベルが直接レビューし、顕在・潜在のリスクを知り、必要な対策を経営レベルで打つと同時に、リスク発生時の覚悟をすることは必須のことである。これらが、個別案件の個別判断で行われるのではなく、文書化してルールとして徹底しなければ、必ず手から水が漏れるものである。

3) 特に注意しなければならないのは、スコープ変更である。普通は、スコープ変更することは、必要コストとスケジュールも変更することがついてまわる。多くの場合、コスト増の変更や時間が増大するが、顧客との関係などから、細かなことは議論することすら遠慮するような場合がある。当然ながら、ビジネスはビジネスとしてはっきりすべきことはタイムリーに交渉させることを経営者が明言し、指導しなければ、現場は安易な方向に流れていく。

問題発生ケース 2

あいまいな要求仕様書の記述

　ある大手製造業企業の生産管理システム構築プロジェクトを請け負った。最終的には国内10ヵ所の事業所を結んだ全社システムを構築する予定である。今回は、まずそのうちの1事業所だけを対象にパイロットとして開発することになっている。REP（Request For Proposal）から、提案・入札を経て受注した。納期も金額も当社見積りにほぼミートしており、受注後も順調な滑り出しを行うことができた。

　その後、要件詳細確認を進めていくなかで、顧客の要求記述内容の一部に文言の解釈で大議論が起こった。当初の要求定義書にある、「なお、この事業所用に開発するシステムは、他事業所へ最小限の変更で適用できること」という表現が問題になった。

　顧客は、「他事業所への展開はそもそもの前提条件であり、そのために他事業所への要件も合わせて検討した上で、基本的な設計に反映するのは当然である。開発そのものは、今回の1事業所に絞って行うが、他事業所向けの展開を配慮した設計になっているのは当然だ」と主張している。

　当社側は、「パイロット開発であるのだから、まずは今回の1事業所向けだけに絞ったシステム開発をし、他事業所向けにはそのシステムを基にして、改めて要求仕様を検討すべきだ」と主張している。パイロット開発は、実証検証の意味があるからこそ、こういうアプローチをとるのは常識であるという意見だ。どちらの考え方で実施するかで、必要な時間もコストも大幅にちがってくる。

　なぜ、このような相違が出るのか。どういう解決を図ればよいのか？

問題の原因 ❓

　今回のプロジェクトの対象範囲（スコープ：Scope）が、何であるか、どこまでであるかという問題である。スコープの定義を曖昧にすると、必ずそのプロジェクトはトラブルになる。特に、プロジェクト・ビジネスの局面では、スコープの定義は、発注者側と受注者側ではその利害が直接的に相反する最も重要な部分である。

　要求定義を文書で行うことは当然のことであるが、文書化したとしても、今回の事例のように、「最小限」「最大限」「ほとんど」「できるかぎり」「極力」といったような曖昧な表現をすることは絶対に避けなければならない。このことは、プロジェクトで達成する「プロダクト要求仕様」についてもいえるし、プロジェクトの進め方に関する「プロジェクト要求仕様」「プロセス仕様」についてもいえることである。

　もちろん、現実には、要求定義が文書化されていない場合や文書化が十分でない場合も多い。そのような場合、互いに利害が対立するような局面になると、「業界の常識として」とか「当たり前のこととして」といった勝手な論理で自分の都合のよいことを主張しようとする。

　プロジェクトがトラブルを起こして得をする者はだれもいない。全員が不必要に神経をすり減らし、ギスギスした議論を繰り返してチームワークを壊し、結局時間の無駄づかい、コストの無駄づかいをすることになってしまうのである。

対応策

- プロジェクトのスコープは最初に明確にしなければならない。プロダクトの仕様を明確にすることだけでなく、プロジェクトで行う作業範囲も事前に明確にしておかなければならない。通常、明確にするということは、文書化しステークホルダー間、特に発注者と受注者の間で同じ理解で合意しておくことが必要である。「まあまあ」「なあなあ」とか「信頼ベース」とかいう曖昧な合意は、あとで必ず問題の原因になる。

- スコープは、プロジェクトの実施期間中、つねに監視し管理しなければならない。スコープに関わる変更は、プロジェクト環境の変化、企業方針の変更、技術の諸事情、その他いろいろな原因で必要になる。
  スコープ変更は、プロジェクトにとっては、完全な前提条件の変更になるので、ビジネスの観点からは納期・金額の見直しを伴うことになることが多い。
  曖昧なスコープ定義、スコープ管理は、結局はリワーク（手戻り作業）の原因になり、スケジュール遅延の原因にもなる。こういう状況は、発注者・受注者ともに何となくすっきりしない、うっとうしいストレスの原因になる。

- PMプロセス（PM組織力）として、顧客に提出する提案書の社内レビューのなかで、スコープの明確さや仕様の曖昧さなどをチェックできるように、チェックリストなどを整備してレビューアにきちんと確認させるべきである。

また、プロジェクト開始から完了までの間は、スコープ変更をタイムリーに把握・管理するように、週次報告、月時報告のプロセスのなかでつねに監視し管理するようにする。

変更に際しては、変更作業開始の前に発注者と受注者の間で合意をとることが必須条件である。特に、スケジュール、コストに影響がある場合は、その扱いについて事前に合意することが必須である。

3 | タイム・マネジメント

要点

　タイム・マネジメントは、プロジェクトをタイムリーに完成させるために必要なプロセスを扱い、以下の5つのプロセスからなる。

1）作業定義（Activity Definition）
　WBSで定義した成果物を作成するための作業を特定し、その内容を文書化するプロセス。

2）作業順序設定（Activity Sequencing）
　作業間の順序関係を定め、その内容を文書化するプロセス。結果として作業ネットワーク（Project Network Diagram）を作成する。

3）作業所要時間の見積り（Activity Duration Estimation）
　プロジェクト・スコープとリソースの情報をもとに、期間見積りを作成するプロセス。

4）スケジュール作成（Schedule Development）
　作業の開始日と終了日を設定するプロセス。この結果としてプロジェクト・スケジュールのクリティカル・パスが明確になり、リソース投入方法なども考えながら、現実的なスケジュールを調整・作成する。

5）スケジュール管理（Schedule Control）
　スケジュール変更の必要性を判断し、変更を確定・確認し、管理するプロセス。

Project Time Management

現実

　PMBOKの直訳でタイム・マネジメントと表現しているが、日本語的にはスケジュール管理とでもいったほうが分かりやすいかもしれない。

　プロジェクトにとっては、時間の管理はきわめて重要な要素であり、問題プロジェクトの大半は時間的な問題で深刻な事態になることが多い。特に変化の激しい時代になり、プロジェクトの早期完成はプロジェクトそのものの成功・失敗を決めることになることが多くなっている。ただ、時間のないなかでプロジェクトを進めるとどうしても手抜き的な進め方になる可能性が高くなる。

　早く完成することは、品質が悪くてよいというわけではなく、むしろより高品質であることが必須条件になる。完成したプロジェクト成果物を使用して、旬なビジネスを足早に勝負するようなプロジェクトが多くなっているのである。

　タイム・マネジメントは、プロジェクト・マネジメントに対して要求される最も重要な要素である時間、タイミングを適切に管理することである。当然ながら、タイム・マネジメントのプロセスで最も重要なことは、見積りである。

　見積りがいい加減であるとか、大雑把な見積りであるために、時間の経過とともに遅れが出始め、いくら追加の人員やコストを投入しても、どんどん遅れてしまうという、アリ地獄のような局面を経験した人も少なくないだろう。正確無比な見積りというのはありえないが、経験や過去の蓄積データを駆使し、少なくともWBSを十分に詳細化して見積る努力を惜しんではならない。

　また、初めから無理なスケジュールを死守することが絶対的要件と

して与えられているような場合も少なくないが、このような場合はプロジェクト・マネジャーとしては、無理は無理として明確にした上で、短縮化するチャレンジをどこでするのか、それはどの程度の可能性とリスクがあるのか、顧客またはマネジメントの必要な協力は何があるのかを明確にして合意をとるべきである。

　何となく引き受けたプロジェクト・マネジャーであっても、顧客もマネジメントも経営者も都合の悪いことはすぐに忘れてしまうものであり、結果的に悪い状況になってくると、当然ながら、プロジェクト・マネジャーに対する風当たりは、社内外で強くなってくる。

整備のポイント

1) WBSをできるだけ詳細に作成することである。WBSは、時間さえあれば比較的容易に作成できるはずである。見積りは、このWBSを基本に積み上げ（Bottom-Up）をしたほうがよい。Top-DownとかKKD（勘と経験と度胸）で見積る人、会社、ケースもあるが、結果はうまくいく場合もあるが科学的アプローチとはいいがたい。いずれどこかで失敗するやり方であるといわざるをえない。

2) 作業の順序づけをし、所要時間を見積り、プロジェクト・スケジュールを作成する場合、小規模・短時間のプロジェクトの場合は手動でも間に合うかもしれないが、なるべくプロジェクト・マネジメント用のツールを使用することが望ましい。
　　大規模または複雑なプロジェクトの場合、プロジェクト・ネットワーク図を計算、作成、調整することはプロジェクト・マネジメント用ツールなくしては実質的に不可能である。プロジェクト・マネジメント用ツールの使用については、計画時だけでなく実行

時にも種々の変更が必ず発生するので、ツールで最新状態を把握できるようにすべきである。中途半端なツールの使用は、結局、無手勝流の管理に陥る原因になる。

3) 見積りの内容については、全体的な規模・期間だけでなく、詳細なレベルの見積り内容についても、第三者のレビューをさせるべきである。見積りは人によって相当ばらつきがあったり、癖があったりするので、複数の技術者の目を通すことにより、その妥当性を上げるようにしたい。

4) スケジュールの管理は、進捗管理と同期してスケジュールの遅れ（進み）を的確に把握し、対策を打つことである。この場合、スケジュールの予定に対する実績のバリアンスをいかに正確に把握するかが問題となる。

プロジェクトに関わる当事者は、遅れを認めたくないという心理が強く働くので、把握方法を科学的なものにしなければならない。

アーンドバリュー（Earned Value）を使用してスケジュール・バリアンス（Schedule Variance）を見ることが、現代的な方法である。もちろん、アーンドバリュー管理のベースは、WBSを正確に作成することであるので、プロジェクト計画時点から整合性がとれるように整備すべきである。

経営力の整備

1) タイム・マネジメントの最も重要な部分は見積りであるが、見積りを組織だってサポートする仕掛けは、KM（Knowledge Management）そのものである。そのなかでも、見積りデータは最も重要なものの1つである。

   見積りデータと一言でいっても、簡単ではない。単に見積りデータを蓄積しても、「内容」「仕分け単位」「実績との対比」「統計処理の有無」などによって、使用方法も利用価値も大幅に変わってくる。KMの仕掛けづくりと、その仕掛けを前提にした「見積りデータ」「実績データの蓄積」「活用方法」を組織的に進めることが必要である。

   重要なことは、次につながる形で「見積りデータ」「実績データ」を蓄積し利用させるような仕組みを作ることである。現場の人間にとっては余計な作業、無駄な作業と見られがちであっても、コストと知恵をかけて進めるという経営判断・経営意思こそが必須である。

2) プロジェクトの問題が大きくなってしまってから、経営レベルにエスカレートしてきても、経営レベルで対応できることは、経営に与えるダメージを覚悟することぐらいしか手がない場合が多い。

   納期延期を申し入れるとか、膨大なコスト増加を覚悟してリカバリー対策するとか、契約破棄するとか、経営者が顧客に謝罪に出向くとか、みっともないだけでなく、経営そのものが大きな打撃を受けるとか、場合によっては企業存続が危うくなることすら起こりうる。

   問題が深刻になってから対策するのではなく、つねにプロジェクトの状況を把握し、スケジュール遅れを含めた種々の問題が発生

しないよう、発生したら早期に適切な対策を打つよう、経営レベルがつねに意識を持ち、チェックできる仕組みを作るべきである。すべてに目配りするのが無理であっても、たとえば、プロジェクト・ステイタスを「赤」「黄」「緑」で表示させ、赤、黄のプロジェクトは詳細チェックするといった仕組みを作ることによって、現実的な運営が可能となる。

問題発生ケース 3

無理な短納期の要求

　激しい受注合戦の結果、幸いにして受注できた。しかし、受注にいたる過程で、当初、技術部門で見積った最低限1年間は必要であるという条件は、顧客の強い要求により9ヵ月間での稼動を同意させられてしまった。他社も同様の条件を突きつけられ、当社が同意できない場合は他社に発注するという状況になった。当社内で担当営業が経営レベルに泣きつき、時間がないこともあって、技術部門の納期短縮が可能かどうかの十分な検討もできないうちに、経営判断として、無理を承知で同意してしまった。

　受注決定して、直ちに実行計画作成に入ったが、どう頑張っても9ヵ月間で完成するには無理があると思われるが、契約時には納期重視であることを念押しされた。金額的には当社の主張がほとんど受け入れられているので、何がなんでも納期必達で実施する必要がある。

　このような状況下で、どのように取り組むべきであるのか？

問題の原因 ?

　問題は、当初の見積りで最低限1年間の開発期間が必要であると判断したにもかかわらず、9ヵ月間の納期で受注してしまったことである。問題の原因は、技術・ビジネス上の判断を経営レベルまで巻き込むことによって、技術的な裏づけのないままに優先判断していることにある。

　ただし、最低1年間が必要であるという技術部門の判断の根拠がどこにあるか、どの程度の見積りを行った結果であるかによって、この局面を打開できる可能性が考えられる。一般的に、見積りをする場合、いろいろなリスクも合わせて見積るが、それらが、どの程度見積りに含まれているか、特に必要時間に関する見積りの根拠がどうなっているかを冷静に見直すことが必要である。綿密な計画と工夫をすることにより、感覚的な見積り期間を大幅に短縮できることも多い。

　また、与えられた時間を大前提とすることにより、納期厳守・最優先を計画・実施のあらゆる局面で徹底することにより、「成せば成る」といったことも現実に可能であることも少なくない。

対応策 !

- プロジェクト・マネジャーは、まずはWBS（Work Breakdown Structure）を十分詳細化して、現実的な必要時間を可能なかぎり短縮する前提で見直す。この場合、見積り時点で検討したリスクについても見直しを行い、可能なかぎり時間短縮する前提で全体を見直す。
  その上で、作業のネットワーク図（PERT図、CPM図）を作成し、クリティカル・パスを明らかにし、ネットワーク・プランニングの手法を駆使してスケジュールの短縮化を図る。現実的には、クリティカル・パス上の各作業に対し、当初見積り以上のリソースを投入し、その作業の必要時間を短縮できないかを注意深く検討する（この手法をクラッシングという）。また、作業をオーバーラップさせることにより、全体としての必要時間の短縮を図る（この手法をファスト・トラッキングという）。あらゆる手段で、全体納期に間に合うようにスケジュールを再構築する。

- スケジュールに関する問題と解決方法、リスクを明らかにし、マネジメントに（場合によっては顧客にも）伝え、必要な協力を得られるようにする。プロジェクト実行中、つねに監視し、問題には先手を打って最優先の対処をする。

- PM組織力の観点からは、見積りの信頼性の問題がある。見積った金額、期間はどの程度正確であるのか。逆にいえば、正確な見積りを行えるPM組織力をいかにして実現するかという課題に行き着く。受注時の顧客要求のプレッシャーのなかで、何が譲れて、何が譲れないか

を明らかにしておく必要がある。金額はともかく、時間の問題は、絶対に不可能な領域があることを社内チームで共通認識しておく必要がある。

●プロジェクト受注時の納期・金額については、交渉過程における許容限度の管理、および意思決定者の責任と権限などを明確にしておくことが必要である。曖昧な集団主義は、しばしば結果として無責任な意思決定をしてしまう。

●受注前の見積り精度の向上を図るためには、過去データによるものから、できるだけ再利用可能なWBSのテンプレートを整理することが重要である。このテンプレートには、前提条件を明確にした上で、作業量・期間・コストの情報を含めて整備するとさらによい。

●受注前・後の実行計画作成の科学的アプローチを実行できるように、プロジェクト・マネジャーのレベルを上げておくことが必要である。そのためには、単に実務経験だけでなく、プロジェクト・マネジメントの基礎教育（WBS、スケジューリング手法、ビジネス的なバランス感覚など）を徹底する必要がある。

4 コスト・マネジメント

要点

　プロジェクトに必要なコストを見積り、予算として承認を得、それに基づいて予算内で完了させるためのプロセスである。プロジェクトのコストはライフサイクル・コストで考え、総コスト削減のためにあらゆる対策を講じるべきであり、以下の4つのプロセスからなる。

1) 資源計画（Resource Planning）
　プロジェクト遂行のために必要な資源（人・機器・材料）を決定するプロセス。

2) コスト見積り（Cost Estimating）
　各作業を完成させるために必要となる資源のコストを見積るプロセス。

3) 予算策定（Cost Budgeting）
　プロジェクトの進捗実績を測定するコストベースラインを設定するために、全体コスト見積りを個々の作業またはワークパッケージに時間経過ごとに割り当てるプロセス。

4) コスト管理（Cost Control）
　変更がよい結果をもたらすように、コストベースラインの変更要因に働きかけ、コストベースラインの変更を確定させ、実際の変更が発生したときに管理するプロセス。

Project Cost Management

現実

　プロジェクトのコスト・マネジメントと呼ぶには、「論外というべき」程度の低さが横行している場合も少なくない。

　プロジェクト、とりわけIT系のプロジェクトでは人的コストが大半であるが、そのコスト把握がプロジェクト単位で厳密に行われていないとか、実績活動時間を正確にプロジェクトに集計していないとか、組織トータルとしてのみ管理されていて、個別プロジェクトの実コストや採算などが正確には分からないといったケースさえある。

　さらにプロジェクト間の消費時間を調整しながら付加することにより、複数プロジェクト全体としては辻褄が合っているが、個々のプロジェクトでは実態を無視した結果になっていることもある。

　また、見積り・計画の時点では、そのプロジェクトだけのコストが扱われるのは当然であるが、実績把握になったとたん、その企業の原価管理システムがプロジェクト・ベースになっておらず、たとえば、交通費・旅費などの諸経費、そのプロジェクトのために特別に必要となる機器の購入費などの扱いがプロジェクトの原価に集計できないといった、プロジェクトのコスト管理以前の問題が起きる場合がある。

　こういうレベルでは、プロジェクトのリスク・コストのリザーブとか、その取り崩しのルールなどはなく、結局はどんぶり勘定的なコスト・マネジメントしかできない。その結果、どんなにコスト分析しても荒いレベルのままで、プロジェクト・マネジメントの改善には何の役にも立たない。

　もちろん、こういうレベルの企業は、プロジェクト・ビジネスのなかでは例外的ではあるが、程度の差はあれ、企業としての原価管理システムの明快さと透明さに問題がある場合が少なくない。

整備のポイント

1) コスト見積りがプロジェクトの死命を制することは、先にも述べた。特に、作業所要時間の見積りは主観的レベルで決められることが多い。組織的、プロジェクト横断的な見積りサポートの仕組みが望まれる。プロジェクト・レベルでできることは、見積り内容のレビューを徹底することである。複数の技術者の目を通すことにより、見積り精度を向上する可能性は高まるはずである。

2) プロジェクトの予算管理の仕組みを明確にする。コスト・ベースラインは、受注時の最終見積りコストである。値引きなどが発生して、受注額が見積り金額から変化しても、かかるコストは変化しないで、利益率が変わってくることになる。このコスト・ベースラインに対して、時間的経過に沿って、コスト発生の状況を比較して、差異（Cost Variance）を分析することにより、進捗や問題の発生の判断をすることになる。このとき使用するのが、前にも述べたアーンドバリュー（Earned Value）である。
コスト・ベースラインの変更は、スコープ変更によりコストが変更になる場合のほか、現実的に意味がないほど実績と乖離してしまった場合、マネジメントの承認を得て変更する特例を規定しておくべきである。

3) コスト・ベースラインと実際に発生したコストの比較で差異（Cost Variance）を見ることによって、そのプロジェクトの正常さとか、問題が発生していないかを探る分析材料になる。進捗管理のなかにこれを取り入れることにより、一定基準以上のネガティブなコスト・バリアンス（Negative Cost Variance）の程度によって、「赤」「黄」「緑」のプロジェクト・ステイタスとして使用できる。前述のスケジュール・バリアンスと合わせて使用するのが一般的である。

経営力の整備

1) 企業としての原価管理システムがプロジェクト単位の原価を正確に把握できるようになっていない場合は、最優先でそれを修正すべきである。

　人的コストの把握のためには作業時間の入力システムが必要で、その入力の内容次第では、プロジェクト作業実態を分析し、適切な改善のための根拠とできる。もちろん、作業実績入力は、場所を限定せず、たとえば顧客のもとに常駐していてもPCをネットにつないで入力できるようにすべきである。少なくとも週間単位でプロジェクト・マネジャーやマネジャーの承認を得て入力し、プロジェクト単位、部門単位、全社での状況が把握できるようにするべきである。

　企業レベルでの作業管理、原価管理のシステムについて、最新ITを駆使して使用できるようにすることは、プロジェクトのメンバーの仕事のやりやすさだけでなく、組織力・企業力向上のための基盤として有力であり、戦略的に検討するに値する。

2) 原価管理システムの一部である人的コストについては、見積り段階、計画やプロジェクト実施時期には、予定原価ベースで進めることになる。ただし、要員の稼働率や売上げにつながらない作業などのために、実績の原価とは差異が出てくる。これが、いわゆる原価差異である。

　この原価差異の扱い方をどうするのか、予定原価への反映をどのようなタイミングで行うのかといったような仕組みは、企業の会計システムとの連動、整合性も必要であり、経営レベルで正確に把握し、無駄なく、シンプルで効率的なものにするべきである。

3）予定原価の設定はビジネス管理課題であるが、実際にはサービスの価格づけの根拠にもなるもので、プロジェクト価格に深い関わりをもつ。通常、技術者のスキル、経験、資格などによりランクづけをし、ランクごとの原価設定をすることが多い。この場合、定期・非定期の昇格などの扱いなど、細かな部分も明確に決めておくことが望ましい。

プロジェクトのコスト・マネジメントは年度に関わりなく進むし、場合によっては数年間にわたるものもあり、当初コスト計画に対して途中でコスト基準が変化しては、一貫したマネジメントができなくなる。また、時代にも左右されるので、長期間のプロジェクトのコスト・マネジメントでは、インフレやデフレなどの経済背景による影響に対して、扱い方を決めておく必要がある。

4）プロジェクトのコスト・マネジメントと連動して、売上げ計上のルールを明確にしておく必要がある。売上げとコスト計上を同期させることが分かりやすい方法であるが、一方で売上げは請求・入金と連動するべきであり、税務との関係も出てくるので、プロジェクトのインフラとして、できるだけ明快にシンプルにしておくべきである。

特に、請負型の外注がある場合には、コストが一度に発生する可能性が高いので、その扱いを会計的なインパクトも見据えて処理方法を明確に決めておくことが必要である。

問題発生ケース 4

コスト・オーバーへの対応

　ある顧客向けの情報システム開発のプロジェクトを、比較的すんなりと受注でき、固定金額で請負契約をすませてスタートした。社内ではどうしても成功させたい戦略プロジェクトなので、かなりシニアな技術者を重点アサインした。

　設計作業がほぼ終了段階に差しかかったとき、今後の作業量と期間を見積ったところ、もともと見積りを若干下回って受注した金額が合計で1億5000万円であったのに、このままいくと2億円はかかってしまうことが予想される。すでに、この内の3000万円は消費してしまっており、残りは1億2000万円しかないのに、見込みでは、残り作業に1億7000万円かかる状況である。

　増加の原因は、設計作業を進めていった結果、当初の見積り工数に対し、5000万円相当分が増えてしまったことである。ただし、開発期間については、当初の予定通りに間に合わせることはできそうである。

　このまま予定通り進めると間違いなく大幅なコスト・オーバーになることは必至である。プロジェクト・マネジャーはどうすればよいのであろうか？

問題の原因 ❓

　コスト・オーバーの見込みになっている原因はいくつか考えられる。
　1つめは、当初の見積り工数を間違えていた場合である。いわゆる見積りミスである。見積りミスは、作業量そのものの前提になる、開発するシステムのボリューム（サイズ、量）の見積りを見誤る場合と、そのボリュームを開発する工数すなわち、単位工数で開発するボリュームといった生産性を見誤る場合である。
　2つめは、予定している工数の原価の問題である。一般的に開発技術者のスキルとか資格、報酬などによってプロジェクトに付加される（予定）原価は異なる。仕事の内容に比して適切な原価の技術者を予定しないと、当然ながらコスト高になる。シニアな技術者は原価も高い。
　3つめは、設計作業を進めるなかで、当初見積っていた以上の機能グレードになっている場合である。結果的には見積りミスともいえるが、設計作業時点でつねにコストを意識することを忘れ、顧客ともコミュニケーションを密にして合意をこまめにとっていく作業をおろそかにし、時間に追われて設計作業を進めた結果である。細かな部分の内容が少しずつリッチになり、全体としては当初の見込みを大幅に上回る状態になってしまったというわけである。

対応策

- 設計内容を少しでも削減できるように見直し、顧客にも合意をとるように集中的に見直し作業する。うまくいけば、少なからずコスト・オーバーを改善できる。また、当初の機能範囲が明らかに顧客の要求によって増大していれば、それに対応した追加金額を顧客に負担してもらうこともありうる。

- 今後の作業全体について、それぞれの生産性と投入予定の技術者のレベルを全面的に見直して、工数の低減と、できるだけ低原価の技術者に変更することを検討して、全体コストの削減を図る。

- 今後の作業全体について、比較的安価に想定できる外注化可能な部分を検討する。内部技術者の原価は、通常、間接部門費や営業部門費などを踏まえたものになっており、外注する場合に比べて単位工数あたりの原価は高めになっていることが多いので、こういう場合はコスト低減に有効な手段となりうる。

- PM組織力の面から見た場合、こういう局面にいたってしまった状態では、なかなか有効な手立てはない。可能なかぎり初期段階で見積りを正確に行い、顧客とのコミュニケーションを密にして、つねに問題発生を初期に発見し、先手で対策を打つようなプロセスとツールを整備することである。もちろん、プロジェクト単位のコスト管理のシステムが確立していることは、こうした事例以前の、当然のことである。

●PM組織力の観点では、さらに、見積りレビューのプロセス、実行途中でのプロジェクト・レビューのプロセス、プロジェクト予算管理などの仕組みが整っていることも関係してくる。

●経営力整備の課題としては、上記のPM組織力の優先度を高くして、それをきちんと整備させ、徹底させることが重要だ。特に、プロジェクトの計数管理の仕組みは、ビジネス管理のベースになるものであるので、精度の高いものにする必要がある。
　また、見積り精度向上のためには、KMの仕組みを構築し、機能させることも、経営レベルで取り組むべき課題である。

5 | 品質マネジメント

要点

　品質マネジメントは、当該プロジェクトが所定の要求を満足していることを保証するために必要な一連のプロセスである。品質とは、対象となる実体が有する、明記された、または暗黙のニーズを満足させるための特性の全体であり、以下の3つのプロセスからなる。

1) 品質計画（Quality Planning）
　最も適切な品質基準の設定とそれを満足させるための方法を定めるプロセス。品質は検査で達成するのではなく、きちんとした品質計画とその実施によって達成するもの。

2) 品質保証（Quality Assurance）
　品質基準の満足を確証するために、体系的に計画・実施される作業プロセス。

3) 品質管理（Quality Control）
　定められた品質基準に適合しているかどうかを監視し、不満足な結果の原因を取り除く方法を識別するプロセス。

Project Quality Management

現実

　熱病のような、ある種のブームでISO9000による品質システムの認証取得が流行してから、かなりの時間が経過した。EC統合に端を発した認定・認証制度は、ある意味で今日の流動化する世界、多様化する価値観の到来を予見していたのかもしれない。

　日本では、都合の悪いことは骨抜きにして、見かけだけの体裁を繕うという独特の習性から、多くの企業がこぞってISO9000認証を目指したといえるのではないか。ISO9000認証を得るということは、一応、外部の客観的な目でシステムを評価するので、それなりに価値がある。

　私はある外資系コンピュータ会社でISO9000認証取得プログラム・マネジャーとして、1997年に日本では最初のソフトウェア開発組織でのISO9001認証を取得した経験を持つ。正直いって、当時の本当の狙いは、遅々として進まない、ソフトウェア開発プロセスの標準化を決定的に進めるための「黒船」にすることだった。ISO9001認証取得という明確な結果を出すことを狙って、認証取得プログラムとして実施したのである。結果的には、形式的なことがかなり多くなり、プロセス標準化が実質的に進んだかどうかについては、少々疑問のある結果であったと反省している。

　かつて「品質の日本」と自負していたほどに、真のISO9000が狙っていることを実践し、効果を上げているケースは、そう多くはないのではないか。

整備のポイント

1) 品質計画書のテンプレート（雛形）、記入例を用意し、品質が特別なものでなく、必須事項として計画書を作成し、それに沿って品質保証活動ができるようにする。

2) プロジェクトで行うレビューを明確にし、必ず計画に沿って実施する。実施した結果は、記録を残すこと。面倒くさいとか、忙しいとか理由をつけて、やりたがらないのが常であるが、プロジェクト・マネジャーやマネジメントがそれに迎合すると、すぐに骨抜きになってしまう。その結果、質の悪いものを作ったり、致命的な欠陥を作り込んだりするのである。当たり前のこと（A）を馬鹿にせず（B）ちゃんとやる（C）、いわゆる、「品質のABC」こそが、すべての基本であることを認識し、実践しなければならない。

3) 品質向上のためには、上記のような重要項目にしぼった対策は有効であることが多い。しかし、可能であれば、ISO9000認証を取得するレベルで整備するほうが、結局はトータルで見て最も有効である。急がば回れ、ということである。インターネットやイントラネットが有効に活用できる現在、「紙の山」を作ることなく、よりスマートな品質システムを構築できる。

経営力の整備

1) 取り立てて体系だった品質活動をしなくても、プロジェクトは成功することも多い。しかし、品質の悪さで問題になるプロジェクトほど、たちの悪いものはない。品質が悪いという状況は、ほぼゴキブリ退治に似ていて、叩いても叩いても次々と問題が出てきて、終結の見通しのない戦いを強いられるようなものである。こうした品質の悪さを招かないためには、経営的にいかなる対策を講じるべきだろうか。

   まず、長期的な観点に立って、企業レベルの仕組みとして品質の確保に努めることは当然である。ISO9000による品質システムでよいので、全社前提の品質システムを構築し、つねに改善しながら進化させることが必要である。品質活動は、すぐには目に見える効果・結果が現れてこないので、経営者自らが先頭に立ってリードしていくことが求められる。

2) 単にISO9000による品質システムを整備するだけで、品質マネジメントの目的を達成できるわけではない。その品質システムがきちんと機能し、そのプロセスを経て提供されるプロジェクトが十分な品質を確保できていなければ意味がない。その点では、ISO9000は品質システムを構築するための出発点であり、それをじっくりと継続することによって初めてISO9000の真価が発揮されることを忘れてはならない。

問題発生ケース 5

品質計画書の未作成

　ある企業向けの情報システム開発プロジェクトの提案・見積り時に、品質システムを明示するように顧客から要求された。ところが、全社的に品質システムが未整備状態だった。そこで、プロジェクト・マネジャーがごまかし的な内容ではあるが、各フェーズでのレビュー、技術内容のウォークスルー、品質監査などを計画し、実行するといった内容を述べて、何とか受注にこぎつけた。

　設計がほぼ完了し、ソフトウェア制作（プログラミング）作業に差しかかった頃、急に顧客から品質計画書の提出を求められた。特に品質計画書は作成していなかったので、提出しないでいると、立ち入り検査をするとの申し入れがあった。

　契約条件では、開発途上のいつでも、顧客は品質管理について立ち入り検査できることになっている。実際のところ、プロジェクト・マネジャーは開発だけで手一杯で、品質プロセスについては、ほとんど何もしていなかった。

　このような状況下で、どのように対応すべきであろうか？

問題の原因 ❓

　企業として品質システム整備を怠っていることが最大の原因である。プロジェクトごとにゼロから品質システムを検討することなど、時間と労力を考えれば、実質的に無理である。そもそも、PM組織力の整備が不足していること、さらに経営者の認識や見識が不足・不十分であることが問題である。

　ただし、プロジェクトを受注するためとはいえ、プロジェクト・マネジャーが顧客と約束したことは誠実に実行する責任がある。品質計画書を作成していないことが、顧客の不信感を招き、立ち入り検査することのトリガーになったことは想像に難くない。

　また、組織だって実施していないことを要求され、プロジェクト・レベルで単独に実施しなければならないことは、見積り時点で明白なので、その前提で必要な工数やコストの見積りを行い、必要な体制を組むべきであろう。

対応策 !

- プロジェクト・マネジャーは、提案・見積り・契約時の品質に関する約束事と必要事項を正確に理解し、対処方法を計画し実施しなければならない。

- 品質計画書を今からでも作成すべきである。品質計画書はプロジェクト計画書のなかの大きな構成要素である。

- 日頃から、マネジメントおよびプロジェクト・マネジャーは、プロジェクト・チームに対し、品質に関することを指示し、実行させ、チェックすることを怠ってはならない。

- 品質システムのフレーム造りは、PM組織力の範疇ではあるが、むしろ経営イシューとして捉える必要がある。経営者が、品質活動を無駄な、優先度の低いものと位置づけるか、重要なものと位置づけるかで、結果は大きくちがってくる。

- 経営レベルで「品質」「品質システム」「品質コスト」といったことの重要性を理解することが重要である。経営者自らが先頭に立って、企業全体の品質システムを確立し、実行を継続することが求められている。

6 人的資源マネジメント

要点

プロジェクトに関わる要員に、その持てる能力をプロジェクトの目的に従って効果的に発揮してもらうための環境を提供することが重要である。組織形態、プロジェクト・マネジャーの役割と責任、プロジェクトの利害対立の解決、プロジェクトのモチベーションの高揚など、人に関わる諸問題を解決するのが人的資源マネジメントであり、以下の3つのプロセスからなる。

1) **プロジェクト組織計画（Organizational Planning）**
   プロジェクトに関わる、役割、責任、報告関係を定め、文書化して正式承認するプロセス。プロジェクトの進捗に応じ、見直しする。

2) **要員の調達（Staff Acquisition）**
   プロジェクト遂行に必要な人的資源（要員）を確保するプロセス。

3) **プロジェクト・チームの育成（Team Development）**
   ステークホルダー個人の能力の向上、プロジェクト・チーム全体としての発揮度の向上を図るプロセス。チーム育成はプロジェクト・マネジャーの責任である。また、個人の技術・マネジメント能力の向上は、チーム育成には不可欠な要素である。

Project Human Resource Management

現実

　人的資源マネジメントに関しては、日本と欧米の風土や雇用事情、企業の人事制度の違いなどから、PMBOKで述べていることが、日本の企業のなかでのプロジェクトに必ずしも、そのまま当てはまるかどうかという疑問もなくはないが、プロジェクトの側面からだけ見れば、大きな問題はない。

　人事制度とか人材開発などは通常、企業全体の視点からマネージされるのが一般的であり、そういう観点から見ると、企業全体として整備・実施する課題と、プロジェクトとして実施すべき課題の境界線をどこに引くべきかが実際上は重要なことである。

　プロジェクトは一過性のものであり、人材開発は長期的視点が不可欠であるので、双方の内容を確認しながら決めていく必要がある。このあたりについては、プロジェクト自体の必要事項とPMインフラとして整備・サポートするべきことを、整合性を取って、無駄や無理のないように整理し、整備する必要がある。

　ITの分野でよく起こることであるが、新技術や新しいソフトウェアやツールが出てくるとそれを駆使し、場合によってはちょっとした経験をもっていることが大変な価値を持つ場合が少なくない。この場合、ITの経験年数とか広汎な知識・経験など関係なく、ひとえに特定ツールの知識・経験だけが最も重要な要件となってしまい、ネコでもイヌでもそれが使いこなせればVIPになってしまうのである。

　こういうスキルを前提にしたプロジェクトでは、数少ない該当者を確保することが最優先の条件になるが、世の中は皮肉なもので、そういう状況に限って、複数の似たようなプロジェクトが並行して開始され、特定技術者の競合が発生するものである。こういう場合、すべて

を解決するような名案はない。

　個別プロジェクト以前に、企業として新技術、新ツールに対するアンテナを張り、若干早めに新技術、新ツールの技術者を教育・育成できるかどうかが課題なのである。

　問題が起こった状況をいかに解決していくかはプロジェクト・マネジメントの大きな役目であるが、プロジェクト以前に、経営力（インフラ力）が先手を打てるくらいの力（企業力）があれば、さまざまな問題を回避することができるだろう。むしろ、その新技術を前面に立てたセールスや提案ができれば、予想以上のビジネス・チャンスを掴む可能性が出てくるはずである。

> **整備のポイント**

1) プロジェクト・マネジャーの役割・責任・権限を明確にしておくべきである。ただし、プロジェクト・マネジャーとはいっても、プロジェクトの規模・期間や技術要素の違いなどにより、必要スキルは一様ではないのが実態である。比較的中小規模のソフトウェア開発プロジェクトの場合などでは、プロジェクト・マネジャー自らが開発の一部を担当するといったことはよく発生する。

   こうした現実も踏まえて、標準的なプロジェクト・マネジャーの役割・責任・権限をテンプレートとして設定しておき、プロジェクト計画書で個別に定義するといった仕組みを作っておくのも1つの方法である。

2) 要員の調達は、プロジェクト・マネジャーの責任とはいっても、要員プールとしての組織があるのが通常で、プロジェクト・マネジャーはその組織に属していたり、別組織に属していたりする場合がある。一般的に、IT業界のプロジェクト・ビジネスでは、プロジェクト・マネジャーは同じ組織に属している。こういう場合、要員調達（アサイン）の権限はその組織の責任者にあり、プロジェクト・マネジャーは責任者と相談しながら内部要員と外部要員の可能性も見ながら決めていくことになる。組織の責任者は所属要員の稼働率などの課題も抱えているので、プロジェクト・マネジャーの一存で決定できるものではない。

   また、外部要員の場合でも、さまざまな形が考えられる。たとえば、業務委任や派遣などのように、長期にわたって常駐し、内部要員とほぼ同様な感覚で仕事をする場合もあれば、プロジェクトごとに請負前提で外部調達する場合もある。

   いずれにせよ、プロジェクト・マネジャーが最適だと判断した要員調達がつねに実現できるとはかぎらない。プロジェクト・マネ

ジャーは組織の責任者と十分に話し合い、限られた資源のなかで最適の要員調達を実現することが重要である。

3) プロジェクト・チームの育成という面では、プロジェクト開始時点または初期段階で初めてチームを組む人もいるので、プロジェクトの方針やルールなどについて正式にキックオフ・ミーティングを開催する。また、ささやかでもいいので、懇親会などを持つと効果的にチームをまとめることができる。

4) プロジェクト内の教育・訓練に関しては、ほとんど手をかけられないのが現実だ。社内の研修や外部の教育コースを受講できるのは稀である。プロジェクトの計画時から予定していれば別だが、一般的には時間的・コスト的な余裕がない場合が多い。

とはいえ、結果的にはOJT（On the Job Training）によって個人の能力が向上することも確かである。実際の仕事の経験こそが、最も効果の高い教育・訓練になる。その点では、プロジェクト・マネジャーは、スタッフ同士が知識を共有できるように配慮すべきである。

経営力の整備

1) プロジェクトを支えるインフラ力としての経営・ゼネラルマネジメントと、プロジェクト・マネジャーの役割・権限・責任については、整合性を持って明確に定義することが必要である。このあたりの曖昧さは、プロジェクトに問題が生じたときに限らず、つまらない思惑やストレスの根源になるので、マネジメントの責任で整理しなければならない。

2) プロジェクト・チーム・ビルディングを促進してモチベーションを高めることは、プロジェクト成功の1つの要素である。そのために必要なコスト、たとえば、プロジェクト・チーム内の会議費用などについては一定基準を示して、けじめとメリハリを持ってプロジェクト・マネジャーが裁量できるような仕組みを経営力の一環として持つのも1つの方法である。

3) プロジェクト内での教育・訓練がプロジェクトで特別に必要となるもの以外は、OJTが主体になってしまうのは当然のことである。むしろ、企業としての広い視点から、人材開発、社員教育、専門技術教育、専門スキル教育などを受講できるような環境を整備する必要がある。

問題発生ケース 6

特定スキルを持つ要員に集中するニーズ

　最近流行の兆しが見えはじめた、ある新しいソフトウェア構築ツールの使用を前提にした、A社、B社、C社向けの3つのプロジェクトを受注した。適用業務は異なるが、A社→B社→C社の順で決まった。A社、B社は契約締結が終了しており、C社とは契約細部の交渉をしている段階である。受注はほぼ同時期で、納期も6～8ヵ月間でほぼ同時期である。

　要員に関しては、A社とB社の2つのプロジェクトは十分に要員手配できるが、C社のプロジェクトは中心になる技術者が2人と担当者レベル5人が不足している。

　このような状況で、どのような取り組みをすればよいのであろうか？

問題の原因 ❓

　プロジェクト単独の要員問題というより、人的リソースの競合が発生するプロジェクト間調整の問題である。個々のプロジェクト・マネジャーは、自分のプロジェクトの遂行のために要員確保に全力で当たらなければならないし、一方で他プロジェクトとの調整にも柔軟に対応しなければならない。

　問題は、提供可能な人的リソースと仕事の質・量のミスマッチであり、その原因はビジネス管理の不適切さであるとしかいいようがない。ただし、現実問題として、この程度のミスマッチは当然起こるものであり、多少無理をしながらでも調整するべきだろう。人的リソースの全体的な稼働率を上げることは、プロジェクト・ビジネスの企業では重要な課題である。必要人材を適時に提供できるように準備することは、人材戦略、事業戦略、経営戦略に直結する人材確保の問題がある。人材確保（採用・育成）が経営イシューとして取り組むべき所以である。

対応策!

- 各プロジェクトおよびプロジェクト・チームの早期立ち上げに細心の工夫をする。新技術の使用に関してノウハウを文書にするなどして、未経験のメンバーが効率的に素早く有効戦力になるようにする。

- それぞれのプロジェクトの重要な技術的なポイントについては、各プロジェクト間でのクロス・レビューを積極的に行う。また、プロジェクト・チーム内で新技術に関する勉強会を開くなど、ノウハウ共有の仕組みを整備する。

- 市場の変化に対応した経営戦略、技術戦略、事業戦略、人材戦略を経営レベルで意図的に示し、強力にリードしていくようにする。こういうケースは、動きの早い時代には頻発する。そして対応を誤ると、1つのプロジェクトが問題化するだけならまだしも、場合によっては、3つのプロジェクトすべてが問題プロジェクトになる危険性をはらんでいる。発生した問題を解決する努力とリスクの大きさは、発生させない本質対策をはるかに上回るものになる。
  最新技術を見ながら技術戦略をつねに明確にしていく必要がある。さらに、それに合わせた人材確保・育成と、仕事の取り方を注意深く行う。

- 複数プロジェクトでの人材競合は、新技術人材に限らず発生する問題であるので、社内のルールを明らかにして、声の大きさや個人的なネットワークだけで決めてしまうことのないようにする。あくまで、企

業全体から見た最適解を求めるべきである。

● 外部リソースの体制整備が必要である。今の世の中、1社だけですべてを賄うのは無理がある。単なる外注戦略・体制整備といったレベルではなく、アライアンス戦略の視点で見る必要がある。単に要員の量的確保の側面だけでなく、質の面にまで踏み込んだ検討をしておく必要がある。当然、これは経営戦略、技術戦略に直結する内容でなければならない。

7 | コミュニケーション・マネジメント

要点

プロジェクト情報の作成、収集、配布、蓄積、最終処理という一連のプロセスを、タイムリーにかつ的確に行うためのエリアであり、以下の4つのプロセスからなる。

1) **コミュニケーション計画（Communication Planning）**
   ステークホルダーの情報、コミュニケーション・ニーズ（誰が、どの情報を、いつ、どのように）を特定するプロセス。初期フェーズ作業の一環として実施し、定期的に見直す。

2) **情報配布（Information Distribution）**
   ステークホルダーが必要とする情報をタイムリーに提供するプロセス。コミュニケーション・マネジメント計画書を実施するとともに、突発的な情報提供にも対応する。

3) **実績報告（Performance Reporting）**
   目的を達成するためにあらゆる資源をどのように費やしているかを報告するプロセス。現状報告（Status Reporting）、進捗報告（Progress Reporting）、予測（Forecasting）がある。

4) **プロジェクト完了手続き（Administrative Closure）**
   プロジェクト・スポンサー、顧客による成果物検収の正式記録としてのプロジェクト成果物検収文書を含め、プロジェクト記録の収集、プロジェクト成功度・効率分析、将来の情報利用のためのデータベース化などを行うプロセス。

Project Communication Management

現実

　実際には、定期・不定期にミーティングを開いたり、報告書の内容について個別に取り決め、合意をとるといった最低限必要なことは行われている。しかし、コミュニケーション・マネジメントとして、たとえばコミュニケーション・マネジメント計画書を包括的にきちんと作成するレベルまで実施しているケースはまだ少ないであろう。

　欧米的な考え方、実態からすれば、人種・言語・宗教など多種多様な人々がダイナミックに流動する人的環境でプロジェクトを遂行するには、それなりの意図をもってコミュニケーション・マネジメントに当たらなければ、コミュニケーションに起因するさまざまな問題が発生するだろう。

　一方、日本的な実態からすれば、暗黙レベルで意思疎通が図れる場合が多く、改めてコミュニケーション・マネジメントという捉え方をするには多少違和感があるかもしれない。とはいえ、暗黙のうちにお互いを理解しているつもりが、さまざまな行き違い、勘違いを引き起こしていることも事実だ。

　プロジェクトの神経系ともいうべきコミュニケーション・マネジメントを包括的に計画し、その計画に従ってプロジェクトを運営していくことは、きわめて重要である。また、電子的なツールが目覚ましく進化している現在、それをいかに活用していくかも重要な課題といえよう。もちろん、便利なツールであるだけに、その副作用などにも十分に目配りしておく必要がある。

整備のポイント

1) 包括的なコミュニケーション・マネジメント計画書が作成できる環境を整える。そのためには、テンプレートを用意・整備し、プロジェクト・マネジャーが短時間で作成できるように工夫する。

2) プロジェクト・チーム内に事務担当（Administrator）を置ける場合は、その事務担当が軸になり、コミュニケーション・マネジメント計画書にしたがって各種情報の配布を確実に行う。事務担当を置けない場合は、誰がその任にあたるのかを計画書で明確に定め、それに従って実行する。

3) 特に、実績報告については定期的に行う。最低でも月次で、所定の内容について報告すべきである。報告書はテンプレートを用意し、各種計算なども、たとえばEXCELなどの計算ツールを使用して、最低限の入力で自動計算するテンプレートにしておくのがよい。これにより、プロジェクト・マネジャーの負荷が多少なりとも軽減できる。同時に、勝手なフォーマットで報告書を作成するという不統一・煩雑さを避けることができ、結果的に標準化が迅速に進む。特に、進捗把握にアーンドバリュー（Earned Value）を採用して計算ロジックをテンプレートに組み込むと、馴染みのない人も、その管理方式にすぐ慣れるといった効果が期待できる。

4) プロジェクト完了時の処理には若干注意が必要だ。通常、多くのプロジェクトは請負契約で実施されることが多い。その場合、検収完了後に瑕疵担保責任期間があるので、プロジェクトの完了をどのタイミングで行うかは慎重に検討する必要がある。実際に検収完了しても、技術者の作業が発生するのがふつうで、それに伴ってコストも発生してくる。

たとえば、プロジェクト完了レビューのようなレビュー・ミーティングを実施するなら、早めに実施すること。さもないと、チーム・メンバーの多くがそのプロジェクトを離れてしまい、再び集めることが困難になる。検収後は速やかにレビューを実施し、検収後に発生するコストについては、事前に想定するしかない。また、この場合のコスト処理の方法については、税法の観点も踏まえて、会計基準を明確にする必要がある。

経営力の整備

1) コミュニケーション・マネジメントをおろそかにしていると（多くの場合、そうであると思われるが）、プロジェクトの問題がエスカレートして経営レベルに持ち上がった時点で、ほとんど手の打ちようがなく、経営的にも多大な痛手を受けるような事態を招きかねない。それを避けるには、どうすればよいか。
プロジェクトの発足・状況報告・完了を、マネジメントとしてどのように把握するか。特別な対応策が必要なことを、どうやって認知するか。プロジェクト・レベルでは対応しきれない経営レベルでの対策を、誰がどう検討して実施するか。こうしたことを、事前に、可能なかぎり明確にしておくべきである。

2) プロジェクトのコミュニケーション・マネジメント計画書のテンプレートに、上位マネジメントへのコミュニケーション方法を埋め込んでおく。そうすれば、自然な形で、上記のような問題を解決できる。経営力として重要なことは、各種のルールやテンプレート類が容易に利用できるような作業環境の重要性を認識して、多少の投資を伴うが、ITを駆使した作業環境・コミュニケーション環境を整備することである。

問題発生ケース 7

コミュニケーション不良による問題

　ある情報システム構築のプロジェクトが順調に進み、いよいよ結合テストの段階に入った。サブ機能ごとに分けて開発してきたものを結合してテストを始めたが、どうもうまく連動しない。

　原因は、1つのサブ・システムが当初の仕様をソフトウェア制作の時点で変更したことにあるようだ。そのサブ・システムの担当者は、顧客の要請に合意して変更したが、その変更内容が他のサブ・システムに影響があるとは考えつかず、変更を通知しなかった。

　納期も刻々と迫ってきている現在、他のサブ・システムの仕様を変更することはかなりの手戻りであり、相当なコスト増になる。しかし、いかに被害が出ようとも、全体システムがまともに動かないのでは話にならない。

　こうした状況に対して、いかに対応すべきだろうか？

問題の原因

　問題の原因は、大きく分けて2つある。1つは変更管理の問題であり、もう1つはプロジェクト内のコミュニケーションの問題である。

　まず、変更管理の問題としては、プロダクト仕様の変更はスコープ変更となることに注意すべきである。スコープ変更を検討する場合、影響度分析を実施しなければならない。その上で、変更のプロセスを明確にして、周知徹底させる必要がある。

　つぎに、コミュニケーションの問題としては、プロジェクトの開始の時点で、プロジェクト計画書の一部として、コミュニケーション計画書を作成し、徹底しなければならない。そのなかで、変更に際していかなるコミュニケーションを実施すべきか、明確に盛り込む必要がある。

　特に、サブ・システムごとにサブ・グループを設けるような規模のプロジェクトでは、正式なコミュニケーションの対象・方法・ルールを明確にしなければ、統一を欠いた、混乱だらけの運営になってしまう。

対応策 !

- プロジェクト計画書の一部または独立したコミュニケーション計画書を作成するようにする。これは、この個別プロジェクト特有の問題ではなく、PM組織力の一部と位置づけられるもので、組織だってそのルールとテンプレート、記入例などを整備することこそが重要である。

- プロジェクト・コミュニケーション計画書は、この事例のような局面だけでなく、より広く、顧客も含めたステークホルダー全体を対象にしたプロジェクト全体についての情報共有の方法を定めているので、非常に重要なものである。
  もちろん、このなかには各種の会議、報告会、検討会などの公式なミーティングについても定めることになる。これらは、プロジェクト開始時点で明確にする必要がある。たとえばプロジェクト・キックオフ・ミーティングなどで発表するのも手である。

- 同時に、変更管理のプロセスも見直し、変更内容検討時の影響度分析の担当者、方法などを再検討する。また、変更の通知をプロジェクト全体に漏れなく明確に伝わる方法を定める必要がある。

8　リスク・マネジメント

> ## 要点

　リスク・マネジメントとは、プロジェクト・リスクに対する特定・分析評価・対応の系統だったプロセスである。プロジェクトの目標に対して好ましい結果をもたらす可能性を最大にし、好ましくない結果をもたらす可能性を最小にすることをふくむ。プロジェクト・リスクはそれが発生したとき、好ましい結果または好ましくない結果をもたらす不確定な事象または条件である。プロジェクトの全期間を通してリスク管理に取り組むもので、以下の6つのプロセスからなる。

1) リスク・マネジメント計画（Risk Management Planning）
　リスク・マネジメント活動への取り組みや計画を決定するプロセス。

2) リスクの特定（Risk Identification）
　どのリスクがプロジェクトに影響を及ぼす可能性があるかを決定し、文書化するプロセス。リスクの特定は繰り返しのプロセスである。

3) 定性的リスク分析（Qualitative Risk Analysis）
　特定したリスクの影響度と発生確率を評価するプロセス。プロジェクト目標に及ぼす潜在的影響度に応じてリスクの優先づけをする。

4) 定量的リスク分析（Quantitative Risk Analysis）
　プロジェクト全体のリスクだけでなく、リスクごとの発生確率

Project Risk Management

とプロジェクトへの影響度を数量的に分析する。一般的に定量的リスク分析は定性的リスク分析のあとに行われる。

5）リスク対応計画（Risk Response Planning）

好機を追求し、脅威を減らすための選択肢を明らかにし、対応策を決定するプロセス。

6）リスク監視と管理（Risk Monitoring and Control）

リスク監視と管理は、特定したリスクを追跡し、残ったリスクを監視し、新しいリスクを特定し、リスク軽減効果を評価するプロセス。

現実

リスク・マネジメントは、もともと認識された分野ではあるが、近年特に注目されている分野である。PMBOKでも、1996年版から2000年版の改定の最も大きな変更点は、リスク・マネジメントの内容を一新したことである。

現実のプロジェクト・マネジメントで、リスク・マネジメントを（暗黙でなく）形式化して徹底しているケースは、そう多くはないのではなかろうか。もちろん、提案書や見積りのレビューで、顕在・潜在のリスクをチェックすることは行われているが、たとえば、リスクの一覧表を義務づけているといったレベルにはいたっていないことが現実であろう。

確かに、プロジェクトは失敗することが多いので、プロジェクト開

始後のリスク・マネジメントを徹底することにより、つねに先手を打って対応できるようになるので、明確なリスク・マネジメント・プロセスを組織的に決め、運用することが望まれる。多くの企業の現状は、プロジェクト・マネジャーや関連する人々が暗黙レベルや勘で管理し、対応していると思われる。

　計画書や報告書のテンプレートのなかに明確にリスク・マネジメント項目を盛り込み、形式化することにより、プロジェクト・マネジャーだけで抱え込むことや、思い込みに陥る危険性を防止することができるようになる。

整備のポイント

1) リスク・マネジメント計画書およびリスク対応計画書を作成することを必須のことにする。もちろん、これは独立した計画書でなくてもよく、たとえば、プロジェクト計画書の一部として組み込んでもよいが、計画時に検討し、それを文書化することが重要である。
   現実にプロジェクト・マネジャーの立場に立つと、あれもこれも計画書を作れというのは、いくら必要性は理解していても、実際に余裕のないタイミングではなかなか手が回らないものである。できるかぎり、各種の計画書は物理的に一本化して、しかも若干の手直しをすればよいレベルまで盛り込んだテンプレートを準備することである。建前だけを振りかざして要求するだけでは、嫌がられるだけである。建前どおりのことを現実的に可能になるようなレベルに、組織的に仕組みを作ることが重要である。

2) リスクについては、計画時だけでなく、プロジェクトの終了まで、つねに計画書の内容を確認し更新するとともに、新たな状況のな

かで新たなリスクを認識・分析しなければならない。プロジェクト・マネジャーの個人的な感性や人間性に依存する部分もあるが、たとえば、月次レビューの仕組みのなかで、つねにリスクに焦点を当てて検討するプロセスを明確にすることである。

経営力の整備

1) 経営力として、リスクはつねに表に出して重要な課題としてプロジェクト・ステークホルダーが共有し、先手で対策できるようなプロセスや計画書・管理資料のテンプレートを整備することである。

2) コスト・マネジメントのなかで、リスクに関する見積り・予算・ベースライン管理をする場合に、プロジェクト・ビジネス管理の仕組みとして、つまりPMインフラの一環として、リスク・コストの扱い方を明確に決めておかねばならない。計画時点では、リスク・コストはリザーブしておき、リスク対応が必要になった段階で、承認プロセスを経た上でコスト・ベースラインに組み込むのが適切である。幸いにして、プロジェクト完了まで、リザーブされたリスク・コストを取り崩すことなく済めば、それは、リスク・マネジメントがうまく働き、リスク発生を避けることができたということである。この場合、結果的にはリスク・リザーブは利益になり、計画時の予定利益率を上回って実績利益を上げる可能性が高い。内容的には運・不運といったものの結果であることも少なくないが、あえて、プロジェクト・マネジャーの実績として評価すべきことであろう。

問題発生ケース 8

限定された予算・納期のなかで 要求仕様の定まらないプロジェクト

　新しいIT応用分野で、プロトタイプ（Proto-Typing）手法でシステム開発することを前提にして提案する予定である。今回提案するプロトタイプ手法でこの種のシステム開発を経験した技術者は社内に数人いて、技術的には安心できる。

　顧客はこの件をプロトタイプ手法で行うことを望んでおり、プロトタイプできた時点で、エンド・ユーザーを全面的に巻き込み、最終的な仕様を詰める予定である。

　その一方で、本件全体の予算制限は明確になっており、プロトタイプだけでなく、本番の開発も含めた全体としての見積りを含めた提案を求めている。

　当然ながら、総予算と本番（サービス開始）の納期については絶対に譲れないといっている。同じような提案をしてきている競合相手も複数社いる模様で、競合他社も今後に向けて有望な分野であるだけに、戦略的に受注を取ろうとしているようである。

　このような状況で、どのような対応を取ればよいのであろうか？

問題の原因 ❓

　プロトタイプ手法とは、試作品を作ってみて、そこでの経験、感覚と出来具合を踏まえて本番システムの仕様を決定する方法である。やってみなければ分からないことを、模型（試作品）ベースで試してみて、その結果で本番システムの内容を最終決定するのであるから、当初は分からないことがあるという前提である。

　本件の場合も、顧客、競合相手も含めて皆がプロトタイプ手法を前提にしているのであるから、明らかに現時点では本番システムの内容は未定である。内容の未定である本番システムについて、納期と金額を見積るということは、当然ながら、いくつかの前提条件とリスクを覚悟する必要がある。

　こういう場合、リスクはどこにあり、どの程度のインパクトがあり、どうすればそれを未然に防止できるのかといったことを、いかに処理できるかが大切である。

対応策 !

- 少なくとも、プロトタイプ部分の開発の見積りを正確に行うことは最低限必要である。特に、新しい技術、たとえば新しいソフトウェア・ツールや発売されて間もないOS（Operating System）など、慣れない最新手法を使用する場合、できるかぎり事前に情報収集して、カタログやマニュアルには書いていない落とし穴や、他のソフトウェア間の結合動作などを把握しておく必要がある。他社製品である場合は、問題が発生したときの迅速なサポートを受けられるような方法を事前に確認しておくことが必要である。
プロトタイプ手法を正確に理解し、適切な範囲でプロトタイプ開発ができるようにしておく必要がある。いくらビジネス的な工夫をしても、肝心の技術力が不十分では、結局うまくいかないのは自明のことである。

- 本番システムの要件・機能を調整する局面では、分割可能な機能単位ごとに金額見積りすることが必要になろう。これは、金額が不足した場合に機能を落とすためである。

- 顧客の予算策定タイミングで、こういう問題が起こることを想定した予算化ができればベストである。たとえば、予備費などをかなり含んだ金額で投資効果を計算し、実際のプロジェクト実施時点では、つまらぬ金額枠のためにシステム機能を落としたり、受注者に無理難題を押しつけるような事態を起こさないことが、結局は全体がうまくいくことになる。

一般的に、プロジェクトのように不確実性の高い仕事をする場合、発注者側で予備費のような、言葉を換えれば、リスク対応コストを予算ベースで確保することはほとんどない。失敗するプロジェクトを少なくするためには、このあたりの意識改革を進めることも必要である。

9 調達マネジメント

要点

必要に応じてプロジェクト遂行組織の外部から商品や役務を取得するための取引を扱うエリアであり、以下の6つのプロセスからなる。

1) **調達計画（Procurement Planning）**
   必要に応じてプロジェクト遂行組織の外部から商品や役務を取得するための取引を識別するプロセス。「Make or Buy」の判断をし、外注が必要なら5W1Hを明確にする。

2) **引合計画（Solicitation Planning）**
   引合を行うために必要な文書を作成することを含めて計画するプロセス。

3) **引合（Solicitation）**
   入札者から請負業務をいかに遂行するかの提案書（見積書、プロポーザル）を入手するプロセス。

4) **発注先決定（Source Selection）**
   見積り・プロポーザルの入手と発注先選定のための評価基準を適用して見積り評価を行い、決定するプロセス。

5) **契約管理（Contract Administration）**
   納入者に業務遂行を許可し、コスト・スケジュール・品質を監視し、変更が適正な承認プロセスか監視し、管理するプロセス。契約履行管理。

6) **契約マネジメントの完了（Contract Closeout）**
   調達品の検収と契約完了処理をするプロセス。

Project Procurement Management

現実

　多少の皮肉を込めていえば、日本のIT業界では、外注管理は相当に整備されている。昔からコンピュータ・メーカーを中心に徹底した下請け構造を構築してきた関係で、ユーザー系の情報子会社にいたるまで、その流れが根づいているといえる。ある程度定常的に、比較的長い一定期間で契約する方法があるが、仕事量が十分である局面では、結局は有効な方法である。ただし、最近のように景気の動向も低位安定、見通し立たずといった状況では、いずこも経費削減は優先度の高い課題であり、今までのやり方が崩れてくるのも必然である。

　上記のような形態では、PMBOKでいうような調達プロセスをとる必要もなく、より簡素化して、契約金額（単価ベース）の更新だけしておけばよいというように、ある意味で、きわめて効率のよい方法で十分であるということになる。

　契約の内容も、発注側の一方的なものを押しつけることが、露骨な力関係を背景にして少なくないのが実情である。

　プラント・エンジニアリングなどの大規模な海外プロジェクトのように、オーナー側が独立したコンサルタントを採用して、オーナーに成り代わり、プロジェクト遂行企業を選定するような方式は、数が少ないのが現状である。その結果、選定の基準が明示されなかったり、選定結果についての結果説明もないような、スマートとはいえないケースもある。

　不慣れなオーナーの場合は、専門のコンサルタントに依頼してプロジェクトの形を整理し、遂行企業の選定をするような状況がもっと増加することが望ましい。

整備のポイント

1) 外注すべき内容・範囲の決定をどのようにするかは、多くの場合プロジェクト・マネジャーの仕事である。提案・見積りの時点から、明らかにまたは大まかに特定の外部調達を前提にする場合と、受注してから、またはプロジェクトの進行につれて外部調達を検討・決定する場合の2つがある。改造案件などの場合は、元のプロジェクトに関わった企業・個人が優先的に検討されることが多いのは、属人性の高いIT系プロジェクトではよく起こるが、信頼性、効率、ノウハウなどが重要であることから当然である。

2) 外注に関する手続きは、PMBOKに述べられている基本的考え方を踏まえて、明確にしておく。特に、発注仕様書(事務的発注要件と技術的要件)を必ず作成し、一定の承認プロセスを経なければならないようにすべきである。また、外注の進捗確認、品質確認などをタイムリーに実施し、プロジェクトの月次報告などの定期報告のなかで、外注分についても詳細な内容を報告するように徹底する。

3) 外注契約の標準契約書は、「委任(準委任)」と「請負」の2種類を整備する。これらは、あとで述べる顧客との標準契約書と同一である必要はないが、よく吟味して整合性をとっておく必要がある。また、この2種類の他にも、派遣契約でプロジェクト要員をまかなう場合もある。

経営力の整備

1) 外注化戦略を明確にして、それに沿った外注政策を立て、それを実現するための外注プロセスを整備する。そもそも、外注化戦略は、企業としての経営戦略を実現するための整合性が取れていなければならない。

   外部のどういう会社・個人と協力関係を結んでいくのか、付き合いの程度でいろいろな優遇策などをとるのか否か、特別な強みを持った会社はどこで、どの程度の動員力があるのか、といった具体的なレベルで分析し、政策内容を工夫することになる。

   外注政策によっては、長期にわたる期間契約（委任契約の一種）をどの程度、どの企業と契約するのか、また、突発的に必要になった場合にどういう会社に引合をだしていくのかを事前に予測することにより、外注プロセスを簡易化したり、厳密な管理をするといったメリハリがつけられることになる。

2) 長期にわたって同じ担当者が同じ外注に継続して発注するケースも少なくない。こういった場合、ある種の癒着が発生する危険性もあるので、妥協のないチェック機能が必要である。

3) 外部調達は直接的なコストになるので、事業全体の計数上のインパクトが大きくなることも多い。このような場合、個別プロジェクトだけでなく組織として、外注コストの発生予定、実績把握が必須となる。こういう内部のビジネス・オペレーション上の必要手続きも、プロジェクト・マネジャーがプロジェクトの状況を正確に把握することが前提条件になるので、余計な作業が発生しないようにPMインフラ力を整備したい。

問題発生ケース 9

ある外注管理上の問題

　ある企業向けの情報システム構築プロジェクトが開始されて6ヵ月が過ぎようとしている。ソフトウェア制作もほぼ終了し、結合テストを開始した段階である。

　比較的まとまった一部分のサブ・システムを請負契約で外注していたが、そのサブ・システムとの結合テストで問題が発生した。その部分は設計から単体テストまでをまとめて外注化しており、受け入れも単体テストの結果をもって完了しており、すでに支払いも終わっている。

　不具合は、外注化した部分の品質不良であることが明らかである。本来、単体テストとしてチェックし確認すべき内容で不具合が頻発している。

　プロジェクト全体としての結合テストを進めないと、直後に始まる総合テスト、本番稼動に向けて時間が逼迫してきている。

　こういう状況下で、どのような対応をするべきであるのか？　また、なぜこのようなことになったのか？

問題の原因

　問題は、外注化したものの品質不良である。この場合、品質不良の原因は、いくつか考えられる。

　外注する時点で、その範囲、仕様について当社と外注先の双方に誤解がなかったか。発注者側は、いい加減で不明確な仕様記述、曖昧な仕様記述、不十分な仕様記述などがなかったか。また、発注契約時に、品質についての条件、たとえば、レビューのタイミングと内容、テスト仕様書とテスト結果の扱い、開発途中での発注者側との確認方法などを明確にし、実施できていたか。

　外注会社とのコミュニケーション方法が適切であったか。プロジェクト全体の変更管理が確実に外注会社に伝わり、必要なことについて適切な対応ができていたか。

　開発途中の進捗管理の方法が適切であったか。単に形式的な報告に終始して、内容については一切触れない、おまかせスタイルになっていなかったか。

　受け入れ検査の方法は適切であったのか。そもそも受け入れ検査をきちんと実施していたのか疑わしいのではないか。テスト結果の資料を提出させ、その内容を十分検証していたか。

対応策

- 外注のプロセスを組織だって明確にしておく必要がある。外注化する場合には、「発注仕様書」のような文書を作成し、プロジェクトとは独立した組織、たとえば購買部といった部門で、最適な外注先を探し、金額や条件を交渉した上で契約締結を行うことが必要である。外注化する部分は、まとまった金額のビジネスになるので、場合によっては長期的に取引するうちに、ある種の癒着が発生する危険性もあるので、独立した組織化をすることが望ましい。

- 発注した外注作業に対しては、その進捗状況、問題状況などを正確に把握しなければならない。すべてが終了してから、ふたを開けたら問題があったという、上記事例のような状況になってしまっては、対処のしようがない。外注化した仕事も当社が顧客から受注した仕事であり、最終的には全面的に当社の責任であることを決して忘れてはならない。

10 | 契約マネジメント

> ## 現実

　プロジェクト・ビジネスとして、プロジェクトを請け負う立場から見た契約マネジメントについて述べる。ここでは、外注契約については対象外とする。また、物品の売買契約も分かりやすさの点から、ここでは議論の外とする。

　「契約」については、日本は元来が契約書社会ではないので、いろいろと課題があるのが実状であろう。そもそも契約書が適切に取り交わされていないとか、プロジェクトもほぼ終了する時期になって、ようやく契約書を締結するとか、契約書に規定している内容にほとんど関わりなく、企業間の力関係で実質的に条件変更するとか、契約書内容が大企業の横暴と思われるような極端に一方的なものになっているとか、信じ難いようなことが少なからず存在する。

　日本では、契約のタイプが実質的に2つある。「委任（準委任）」と「請負」である。さらに労働者派遣法による「派遣」の形態も合わせると、3つあることになる。この3つを現実のビジネスでどれだけ適切に使い分けているかは、はなはだ疑問の場合も多い。

Project Contract Management

整備のポイント

1) 「委任(準委任)」と「請負」のそれぞれに、標準契約書を整備するべきである。使用しやすさも考えて、たとえば、裏面には標準契約条項を印刷し、表面には当該プロジェクトによる変動項目を印刷する。その際、WordやEXCELを使用したテンプレート(ツール)を用意して、変動項目を入力するようにすればよい。その項目としては、たとえば請負契約であれば、「契約者」「契約日付」「プロジェクト名称」「期間」「納品物」「納品日」「金額」「支払い条件」「特記事項」といった項目があげられる。

2) 契約締結以前の提案書とか見積書には、標準契約書条項が前提であることを明確にするために、提案書や見積書の金額見積書についても、裏面に標準契約書条項を事前に印刷した用紙の表面に、同じく見積書や提案書の金額見積書のテンプレート(ツール)を使用して作成すればよい。条件によって金額が変動するのは当然である。

3) 標準契約書の条項のなかで特に注意すべきことは、権利所在、守秘義務、賠償責任の上限、瑕疵担保責任期間といったところであろう。

4) 標準契約書だけで契約のすべてを規定するのは無理であり、見積り時に「見積仕様書」「見積条件書」「作業記述書(SOW: Statements Of Work)」といった文書を見積書とセットで用意し、契約時にも契約書からこれらの文書を明確に参照し、これらの文書に合意捺印することにより、補足することにする。

5）標準契約書では、契約相手が合意しない場合、社内的には非標準契約の承認プロセスを明確にしておく必要がある。一般的な法的変更は法務担当者に判断させればよいが、法的に重要な変更をする場合は専門の弁護士に助言を得るべきだし、ビジネス的にインパクトのあるものは、上位マネジメントや経営者の承認を必須条件にしなければならない。

経営力の整備

1) 契約マネジメントは、今後グローバルな世界で勝負するしかないビジネスの世界で、従来以上に契約社会の認識を持って重要視しなければならない。

2) 契約マネジメントは、単に契約書を間違いなく締結するということだけでは不十分である。ビジネス管理の観点からは、標準契約書の設定から、提案書、見積書、契約書、作業仕様書といった一連の契約関連のものの整合性を持って整備しなければならない。あくまで標準契約書の内容を前提にした見積りであり提案の価格であり、特別の契約内容を要求される場合は、たとえば価格に反映することで折り合えるかもしれないし、どうしても飲めない要求かもしれないので、契約条件については、最終的にビジネス判断することになる。場合によっては、経営レベルで判断するべき内容となる。

3) 少し細かいことではあるが、契約書捺印の規定を明確にして、確実に承認手続きを経て、履歴も正確に記録するといったことをきちんとすべきである。組織変更や人事異動がひんぱんに起こる時代なので、契約に関わるような基本的なことは絶対に混乱しないように、確実に処理できる仕組みを経営レベルで把握しておくべきである。

問題発生ケース 10

適時に締結されない契約

　比較的順調にプロジェクトは推移している。約1年間のプロジェクトも来月には運用テストが始まり、検収完了も間近い。顧客との関係もうまくいっており、チーム内の人間関係も円滑に流れている。ところが、プロジェクト・マネジャーが顧客の現場責任者とエンド・ユーザー向けトレーニングの手順などを確認している状況で、思わぬ事実に出くわすことになった。

　当社内では営業部門が担当している契約締結がまだできていないのである。以前から契約関連業務は営業部門が担当しており、技術部門はほとんど関与していない。

　今回は、どうやら顧客の法務部と次の2点について双方が譲らずデッドロックに乗り上げ、棚上げ状態のまま、双方多忙ということもあって、ここまで引きずってきているとのことである。1つは、瑕疵(かし)担保責任の期間を半年か1年間かということで、もう1つは今回開発している応用ソフトウェアの著作権の帰属を双方が主張している。

　このような状況下で、何をどうするべきか？

問題の原因 ?

　目に見える「モノ」の販売と違って、「サービス」の販売は双方の理解に相違がでる可能性がきわめて高い。そのためサービスの提供開始前に、双方がその内容に合意することは特に重要である。本事例の原因は、サービス開始前に必ず契約締結するという基本的なことができていないことに尽きる。たぶん、この企業では、こういうことがひんぱんに起こっているに違いない。

　なぜ、事前に契約締結できていないかは、企業としての方針が不十分であるとか、しつけがなっていないとか、チェック機能が欠如しているとか、ビジネス・プロセスがないか不徹底といったことが原因であろう。

　また、契約管理プロセスの中身の問題になるが、実際にプロジェクトを遂行するプロジェクト・マネジャーなどが、契約内容の確認・チェックなどの役割を持たないことは問題である。日々のプロジェクト遂行のなかで発生する多くの問題、意思決定の局面で、つねにそのプロジェクトの契約（前提条件）を意識しているのは当然のことである。

対応策 !

- 社内のプロジェクト開始プロセスのルールを明確に規定する。開始のルールが必要であるということは、終了のルールも合わせて規定すべきである。同時に契約プロセスについても規定する。たぶん、契約書への捺印のルールなど明記されていないと思われるので、これも合わせて文書化して、社内説明会などを開いて即刻徹底すべきである。

- 顧客と暗黙の信頼関係にあるのはいいとして、契約書は互いに誤解のない合意を確認するものとして、タイムリーに締結することを依頼すべきである。これは経営の方針として、社内の契約担当部門である営業部門全体に徹底させる。同時に、プロジェクト実施部門にも徹底させなければならない。

- 社内の標準契約書からの例外処理のルールを明確にする。これには、顧問弁護士による法的な判断と併せ、ビジネス的判断が必要になるので、その前提で処理プロセス、特に承認プロセスを明らかにする。

- なお、この「問題発生ケース10」の具体的な対応策としては、まず状況を明らかにして、営業部門に適切な対処を依頼するしかない。要は早期決着させるしかないが、この状況から想定されるリスクを分析し、営業部門と部門管理者が共有することは最初に行うべき対応であろう。

3 プロジェクトの成功を決定づけるリーダー力

　プロジェクトの実施環境整備がその成功の重要な役割を持つことを主張するのが本書の狙いの1つではあるが、一方で、プロジェクト・マネジャーの個人力が伴わないことには話にならない。

　プロジェクトの最大の特徴ともいえる、「つねに変化する」「ダイナミックな動き」に適切に対応し、さらに対応するだけでなくダイナミズムを主導するレベルでリードできるかどうかは、最終的にプロジェクト・マネジャーの個人力に拠っている。いわば、応用力が求められているのだが、それは現象的結果であり、プロジェクト・マネジャーとしての知識・経験・見識といったものだけでなく、実行力・判断力・コミュニケーション力・交渉力・決断力・胆力といった能力を兼ね備えることができるかという、上限のない要件が望まれているのである。

　本章では、プロジェクト・マネジャーの役割、必要とされる資質、必要なスキル、その育成・訓練と、プロジェクト・マネジャーとプロジェクト特性のマッチング方法およびプロジェクト・マネジャーの認知・待遇について述べる。それらのすべてが結集されて、プロジェクトをリードする力として発揮されることが、プロジェクト成功のために必要なことである。

1　プロジェクト・マネジャーの役割

　プロジェクト・マネジャーの役割は、画一的にいえば、「プロジェクト遂行の責任者で、その目的達成のために、あらゆる知識・経験・交渉力・リーダーシップなどの能力を駆使し、使用可能な資源を使用して成功させること」である。

　顧客との公式・非公式なコミュニケーション、仕事自体の計画・実行・把握・管理・対策、スケジュールおよびコストの管理、企業内部の所属組織および他プロジェクトとの調整、プロジェクト・チーム内のチーム・ビルディングと人的諸問題の解決、外注化と外注管理といったように、数多くの難題をタイムリーにマネージしなければならない。

　一方、プロジェクトはそれぞれが個別的で、そのプロジェクト規模・時間的長さ・技術的困難さ・新規性・時間的制約の強弱・使用可能資源の充足度・顧客の性質・外注化の程度などによって、プロジェクト・マネジャーの役割そのものも一律ではない。

　標準的な役割を定めることは可能であり、取り決めておいてよいが、実際の状況に応じて、顧客との分担、チーム・メンバーとの分担など、個別にプロジェクト計画書にて定義する。ただ、詳細役割は分担したとしても、最終的にそのプロジェクトの責任者・権限者は唯一プロジェクト・マネジャーであることだけは明確にしなければならない。

図13　リーダー力

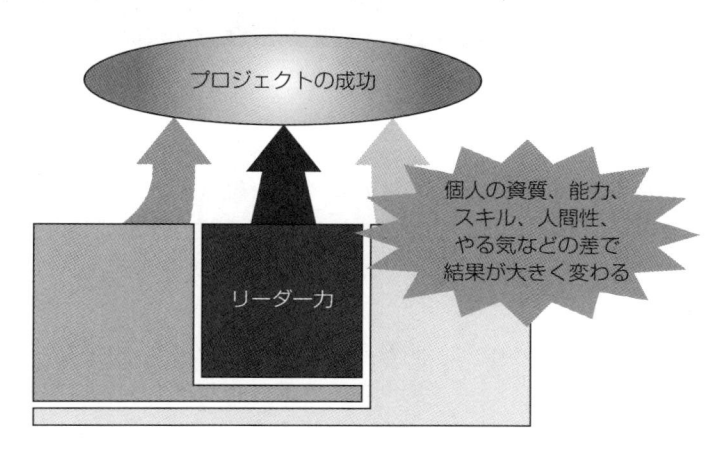

プロジェクトの成功

リーダー力

個人の資質、能力、スキル、人間性、やる気などの差で結果が大きく変わる

2　必要な資質

　米国GE（General Electric）社の卓越した経営者として知られているジャック・ウエルチは、長期にわたる経営を成功させたあとの後継者を選ぶとき、その資質として、次の「4つのE」をあげた。

1）Enormous Energy ：　自身が強烈にエネルギッシュであること
2）Energize ：　周りの人々をエネルギッシュにすること
3）Edge ：　際(きわ)を明確にできる、
　　　　　　　Yes/Noをはっきりできること
4）Execute ：　実行できること

　これは、プロジェクト・マネジャーにもそのまま望ましい資質として当てはまる。もちろん、プロジェクト・マネジャーだけでなく、今日のあらゆるリーダーに望まれる資質でもあると思われるが。
　プロジェクト・マネジャーとして必要な、もしくは望ましい資質にさらに焦点を絞ることにする。その場合、プロジェクトの特徴が「明確な達成目標」「有期性」であるということと同時に、関わる人間が複数で多種多様で、それぞれが重要な役割と意味を持つということが重要である。
　しかも関係する人々や組織（ステークホルダー：Stakeholder）が、その役割・立場から、場合によっては利害対立するとか、互いに強く影響しあうことが時には厄介であったりする。
　そういった側面を持つプロジェクトを調整し、それぞれの正しい役割を発揮させて成功に導くリーダーであり責任者であるプロジェクト・マネジャーは、以下のような資質を持っていることが望まれる。

1）人とうまくやる能力
2）目的志向の考え方
3）卓越したコミュニケータ
4）冷静な判断力と果敢にNoといえる勇気
5）あくなき向上心
6）明朗な性格
7）論理性・論理思考ができる上に、場合によっては清濁併せ呑む大きさ

　まるで、理想の偉人のプロフィールのようではあるが、これらを目標として各個人の長・中期の教育訓練を行うことにより、こういう資質も必ずや向上できる。重要なことは、目標イメージ、すなわち方向性を明らかにし、その実現化に向けて各個人が自己開発できる環境を整えることである。

3　必要なスキル

　プロジェクト・マネジャーに要求されるスキルは何か？
　このことを考えるには、プロジェクト・マネジメントの何たるか、プロジェクト成功とは何かということを曖昧にしたまま議論すると、結局は、プロジェクト・マネジャーは万能でないと務まらないし、現実的には、社内的または対外的な立ち回りのうまさやハッタリだけの人が優秀なプロジェクト・マネジャーということになりかねない。
　以下に、ITシステム構築プロジェクトの例で示すが、この分野に限らず一般的なものとしても、ほぼ違和感はないと思われる。
　プロジェクト・マネジャーに必要なスキルは、プロジェクト・マネジメントの基本的な知識だけでなく、リーダーシップやコミュニケーション能力、交渉力のような対人能力とビジネス・センス、そして対象となる業務知識、技術知識などの専門知識まで必要であるということである。もちろん、知識だけでなく、実行力、判断力といった実践力がさらに必要な能力である。
　また、個別のプロジェクトの規模・期間・複雑度や新規性・技術的困難さなどの要素によって必要なスキルは異なるので、これらの能力のバランスが個別プロジェクトごとに異なる。個別プロジェクトのプロジェクト・マネジャーを誰にするか決めるときには、プロジェクト・マネジャーの持つスキルだけでなく、そのプロジェクトの特性を見きわめることが必要である。
　これらのスキル・能力については、企業全体の人事制度・人材開発・キャリア開発、評価制度、報酬制度といったなかに組み込むべきである。もちろん、プロジェクト・マネジャーを真に価値のあるプロフェッショナルとして扱うことが必須条件である。

(1) リーダーシップ・スキル

　顧客も含めて、プロジェクトのステークホルダーをリードして、利害調整しながら本来のプロジェクトの目標を達成するためにチームをまとめあげることにより、関係者のモチベーションを高めて効率的なプロジェクトを運営することができる。

　向かう方向を明らかにし、関係者の意識のベクトルを合わせ、やる気を起こさせて、もてる能力を最大限に引き出すことである。

　プロジェクトを成功に導くエンジンとして、プロジェクト・マネジャーが果たすべき役割のために最も重要なスキルである。本書では、このスキルをプロジェクト・マネジャーの中心的なスキルと位置づけ、必要な個人スキルを総称して、リーダー力またはリーディング力と呼ぶことにする。

(2) プロジェクト・マネジメント・スキル

　プロジェクト・マネジメント要素の詳細は第2章に示したが、これは多くの先達、人々の経験に基づいてまとめられた知恵であるので、先人の知恵は学んで自分のものにすべきである。PMBOKを作成した米国のPMI（Project Management Institute）の認定資格であるPMP（Project Management Professional）を取得するなど、少なくともしっかりした基本知識は備えていることが客観的に分かるようにしたほうがよい。

　基本知識そのものは即物的な効果に直結しにくいために軽んじる向きもあるが、基本のない応用力だけでマネージすることの危うさを認識しなければならない。もちろん、知識自体は必要条件であるが、十分条件ではなく、実践できなければ何の意味もない。

　また、その企業のなかで、PM組織力（プロセス力）と経営力（企業力）がどれくらい整備されているかを精確に把握し、社内のルールやツールやサポート・システムなどの整備状況に精通している必要がある。一般的に、社内ルールの「ウラ・オモテ」を熟知し、効果的にそれらを利用できるかどうかは、本人が思っている以上に有効であり大切である。

(3) 技術スキル

プロジェクトの内容、状況にもよるが、プロジェクトの中心になる技術が先端技術・新技術である場合、プロジェクト・マネジャーはその技術内容を知らないで、適切なマネジメントはできないことが多い。また、そこまで新技術がクリティカルなプロジェクトでなくても、新しいツールを使用するとか、複雑な技術が関係するような場合は、技術知識があるほうが望ましい。

一般的にプロジェクト・チームの多くのメンバーは、技術力の価値を重要視するので、チーム・ビルディングの上でも、プロジェクト・マネジャーは技術知識・経験を持っていることが望ましい。しかし、いわゆる技術のみが高くて、他のスキルのバランスが悪い場合は、プロジェクト・マネジャーとして失敗することが多いので注意を要する。

(4) 業務知識スキル

IT応用システム構築のプロジェクトの場合、システムは道具であり、その道具を使用して運用する業務がある。たとえば、ある製造業企業のSCM（Supply Chain Management）システムを構築する場合、受注管理、生産計画、生産管理、製造管理、在庫管理、出荷管理、会計システムといった業務の制約条件、実態、慣行などを知らないで、システム開発を適切にマネジメントすることはできない。もちろん、従来の業務の方法だけを前提にシステム構築するわけではないが、本質的な事柄や本当に重要なポイントを知らずに優れたシステムを構築することはできない。

その業務をどこまで深く、広く理解できているかはともかく、少なくとも基本的なことは分かっていないと、顧客やシステムのユーザーとのコミュニケーションが円滑にいかないので注意を要する。

(5) ビジネス・スキル

プロジェクト・ビジネスをする企業では特に重要なことであるが、プロジェクト・マネジャーは、与えられたプロジェクトを予定通りの

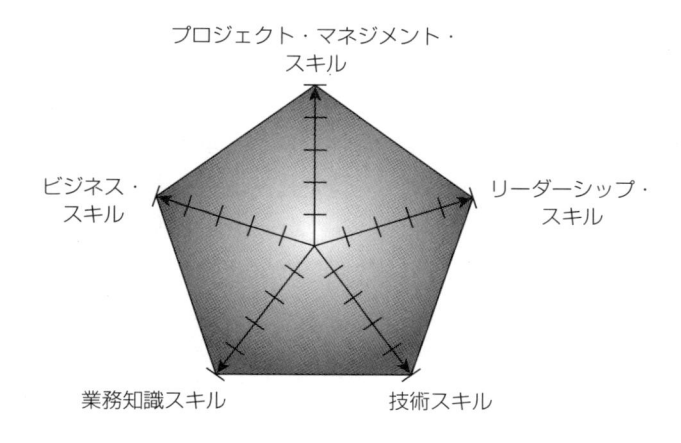

図14　プロジェクト・マネジャーの5つのスキル

```
            プロジェクト・マネジメント・
                  スキル

ビジネス・                       リーダーシップ・
  スキル                           スキル


    業務知識スキル        技術スキル
```

納期とコストで完成させることが重要な責任であるが、それだけでは不十分であるとされることが多い。

　プロジェクト・マネジメントのなかでもビジネス・センスが重要である。プロジェクトで予定されたコストは使い切るのが最善ではなく、プロジェクトの目標を達成できれば、コストはセーブすることがよいのが一般的な感覚である。プロジェクトは、計画どおり実現するのがベストではない。計画よりコストを少なく、期間は短く、品質は高くできることが、ほとんどの場合、望ましいことである。

　また、プロジェクト遂行の途中でも、付随していろいろなビジネス機会が発見できることが多いので、ビジネス感覚を持つことは、自分だけでなく、周囲の雰囲気の活性化にもつなげることができる。

　そして一般的にいわれる交渉力も、ビジネス的な局面で最も必要とされる能力であり、ここに含まれるスキルである。

4 育成・訓練

　先述のプロジェクト・マネジャーの必要スキルは、一般的な範囲で述べた。プロジェクト・ビジネスを中心とする企業の場合であれば、どのようなプロジェクトを狙っているのか、対象業種・対象業務・規模・期間・先進技術などをどこに絞るのかという戦略・戦術に沿って、プロジェクト・マネジャーの育成・教育も実施しなければならない。

　もちろん、そういう戦略以前にプロジェクト・マネジャーとして必要な基本的なスキル・能力はたくさんあるので、個人別に教育・訓練計画を作成して実施する。教育・訓練は、社内で設定できればそれに越したことはないが、外部の教育コースを受講させるとか、PMP資格を取得させるとか、実戦でのOJT（On the Job Training）で鍛えるとか、方法はいろいろあるので、時間的・予算的制約と個人の特性によって個別に育成計画を作成して着実に、たゆまず実行することが重要である。

図15　プロジェクト・ニーズと育成計画作成のプロセス

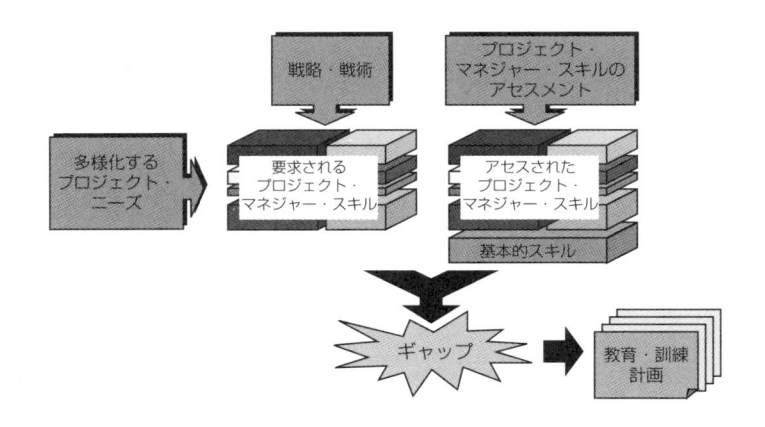

5 プロジェクト特性とのマッチング

　何が何でも、同じスキルのプロジェクト・マネジャーを育成することだけが目標ではない。プロジェクトはその内容、環境、状況などによって、うまくプロジェクト・マネジメントするための特性がある。

　このスキルの必要特性の評価とプロジェクト・マネジャーのスキル・バランスをバランスするようにプロジェクト・マネジャーをアサインすることを考えるべきである。このためには、プロジェクト特性の評価方法とプロジェクト・マネジャー・スキルの評価方法、およびその両者のマッチング方法を整備すればよい。そのイメージは、図16のようになる。必要特性、スキルの評価のための基準は、各企業の状況で設定することになる。

図16　プロジェクト特性とプロジェクト・マネジャー・スキルのマッチング

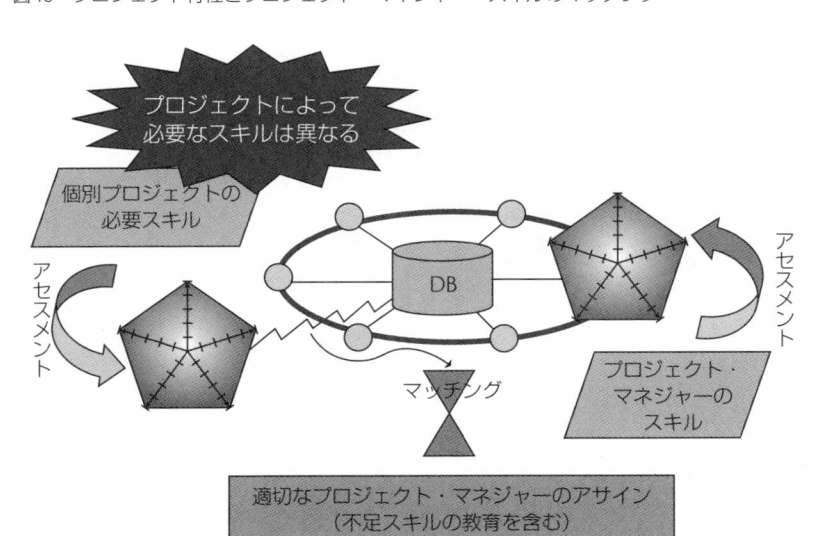

6 認知と待遇

　一般的にいって、プロジェクト・マネジャーを専門職として認知し、待遇しているケースは、まだまだ少なく不十分であるといえる。

　そもそも欧米流の成果主義人事制度を取り入れることが普通になってきたが、それでも、まだまだ旧来の日本的な人事システムが尾を引いており、真のプロフェッショナル組織としての組織・人事制度・人材開発が根づいている企業は少ない。重要なことは、成果主義であることだけでなく、プロフェッショナル組織としての人事制度・人材開発が重要なのである。そのためには、どういうプロフェッショナルが必要であるかが明確になっていなければ、掛け声や形式だけのものになってしまう。それを明確にするのは、経営戦略、事業戦略、人材戦略なのだ。純粋に経営の課題である。

　プロジェクトという、千差万別でつねに環境も状況もめまぐるしく変化するなかで明確な達成目標を追求する責任者がプロジェクト・マネジャーである。プロジェクト・マネジャーは、成功しても当たり前か、せいぜい上司のお褒めにあずかる程度であるのに、失敗したら、その失敗が深刻なほど、それこそ能なし、罪人であるかのごとく批判されたり罵られたり、責任をとらされたりすることが少なくない。専門職として認知し、キャリアパスを明確にし、相応の待遇をすることが必須である。

　適正な人事待遇と評価は、本人のやる気と向上心を刺激するだけでなく、若手の技術者やプロジェクト・メンバーの目標となり、会社全体の活性化にもつながる。明確でダイナミックな人事制度・人材開発制度は、激動の時代にこそ、人的資源の活性化と企業貢献への決め手となる。

4 プロジェクト成功を支える経営力

　経営力（または企業力）のいかんによって、そこで実施するプロジェクトの成否は左右される。しかし、この領域に踏み込んだ改革・整備は、単にプロジェクトだけに焦点を絞った方法では十分な結果を得ることができない。

　経営の根幹に関わることを効率的・効果的にバランスよく、素早く改革することが必要条件になる。プロジェクト・マネジメントを視野におき、念頭におくにしても、焦点は経営そのものにおいて、トップダウン・アプローチで推進することが必須である。

　もちろん、ここで述べている経営力の内容をまったく整備できていないという企業はない。しかし、改めて全体を見直し、整理するだけでも、改革に値することが必ず発生する。プロジェクトの成功土壌を本気で構築しようとするなら、プロジェクト・マネジメントのインフラ力という観点から経営のフレームを見直すことが望ましい。

　本書では、私の経験を踏まえて、ITプロジェクト・ビジネス企業（システム・インテグレータ）において、プロジェクト・マネジメント・インフラ力の強化も含めて実行する経営改革として、以下「経営力強化プログラム」と呼んで、そのフレームを示す。「経営力強化プログラム」は経営力を直接の改革対象とするが、結果的にはすでに述べた、PM組織力、リーダー力についても、直接・間接に扱うことになる。

　「経営力強化プログラム」の内容のほとんどはIT系の企業だけでなく、業種によらず一般的に適用できるものであり、どんな企業にも共通して使用できるはずである。

1 経営力強化プログラム

(1) 経営改革

　プロジェクト・マネジメントのインフラを整備することは、何度も繰り返すが、経営そのものの足腰を鍛えることに他ならない。また、これこそがプロジェクト成功にとっての本質的対策そのものである。

　プロジェクト個別の直接的な対策は、第2章で述べたPM組織力の向上と、第3章で述べたリーダー力すなわち個人力の強化で行うことになる。これに対し、経営力の強化は本質的対策になる。これは、経営課題として、効果的・効率的で変化に俊敏に適応できる「経営の仕組みの再構築」という観点から実行する経営改革そのものである。

　「経営改革」と大上段に構えると、財務分析など数値ベース中心で実施されるケースが多い。しかし、数字ベースで話を進めると、どうしても数字の上だけで上滑りし、本当に必要な質的側面とか実務の真の対策を切り捨てることになりかねない。

　本書では、あえて経営数値中心のアプローチをとらず、ビジネス実体を中心にした「会社のフレーム」「仕事のフレーム」を意識した経営改革を、「経営力強化プログラム」と呼んで、具体的な例を示すことにする。

　数値はそのフレームのなかで、方針決定、基準設定、結果把握の重要な根拠として、扱われることになる。

図17　経営力強化プログラム

まさに企業の経営力！
ここを重点的に能力アップ！

経営力

プロジェクトの成功

経営力強化プログラム

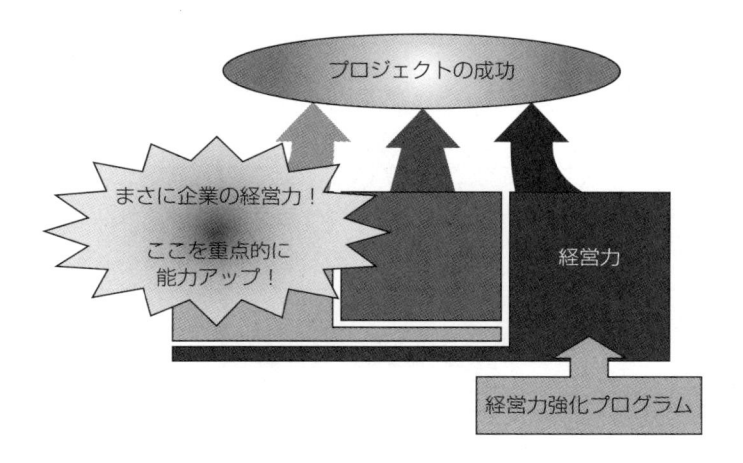

（2）トップダウン・アプローチ

　経営レベルの課題を議論するには、「トップダウン」アプローチでなければならない。プロジェクト成功に主眼をおいた本書のアプローチとしても、枝葉末節や日常的に直面している課題に拘泥することなく、より本質的、構造的な視点から考えることにしたい。
　まず、プロジェクト成功のために直結する経営課題だけを取り上げ、単独で対策するよりも、全体像のなかで個別の課題を位置づけ、関連性も検討した上で対策するのが、本質対策として適切である。
　本章では、「経営力強化プログラム」として、経営改革を進めることについて具体的なイメージを示す。「経営力強化プログラム」として整合性をとりつつ改革すべき各課題は、次ページの図18に示すとおりである。

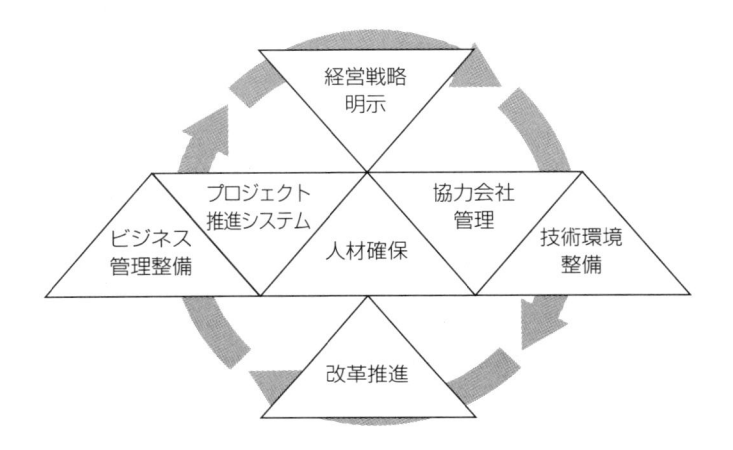

図18　経営力強化プログラムの課題

```
              経営戦略
               明示

  ビジネス  プロジェクト       協力会社   技術環境
  管理整備  推進システム  人材確保   管理      整備

              改革推進
```

（3）求心力

　経営改革は、その企業に関わるすべての人々が、可能なかぎり共通の価値観と方向性を共有し、それぞれがどういう判断基準で何をすべきかが明確になっていることが改革の成功とスピードに不可欠である。このためには、経営改革の内容だけでなく、進める方法についてもさまざまな工夫を必要とする。

　「経営力強化プログラム」として必須となるのは、その中核となる経営戦略の内容を文書化した「戦略設計図」を描くことである。戦略の骨子を形式化して共有化可能にすることが、全体の方向を定め、効率的に進めるためにはきわめて重要である。

　このことは、企業の向かう方向をメリハリを持って示すことになり、経営者自身の求心力を高めることにもなる。その一方で、経営者自身も結果的に自身の責任を明示することになるので、成功、不成功が社内外、少なくとも社内に明確に見えることになる。

　結局のところ、経営者自身の思い入れを「戦略設計図」という文書

に表現し、形式知化することこそが最も重要なことである。形式化した「戦略設計図」を使えば、社内のあらゆる層に対し、それを説明し、議論することが可能になる。さらに、その議論を通して内容を修正していけば、全員の参加意識を高揚し、その実現に向けてのベクトル合わせができることになる。

求心力の中心には、「戦略設計図」とそのオーナーとしての経営者自身がいることはいうまでもない。

(4) 現実性

経営改革と称して大上段に構えると、どうしても力が入りすぎて、上方ばかりに目を奪われることになりやすい。しかし、実現するには現実の積み上げを確実に行うことこそが重要である。特に気をつけたいことは、「VisibleでないものはManageableでない」「観測できないものは制御できない」「見えないものには手の打ちようがない」ということである。

ビジネス管理の品質が悪いのに、そこから出てくる数字を分析して、対策を練り、傑出した戦略を策定できたとしても砂上の楼閣になる可能性が高い。たとえば、作業実績をそのプロジェクトに確実に集計できないような管理状況では、結果的にはプロジェクトのコスト実績を正確に把握できない。それにもかかわらず、プロジェクト報告をどれほど精密にやったとしても、プロジェクトの問題発見・対策をタイムリーに行うことは無理だということである。

経営力強化プログラムを計画する場合も、それぞれの課題の関連、優先順などをよく検討することが必須である。とはいえ、トップダウンといったら、やみくもに突っ走ればよいというものではない。プログラムの全体バランスと統合をマネージすることが必要である。

2 経営戦略明示

(1) 概要

　経営戦略は、その企業の理念・ビジョンと合わせて、明快に示される。すべての企業活動が経営戦略に沿って詳細化・具現化され、実行されるようにすべきである。できるかぎりこれらが直接的に関連することを分かりやすく明確に示すことにより、企業経営者の意図がストレートに経営全般に反映され、効率的で効果的な運営ができることになる。

　変化しつづける環境のなかで、企業としての「経営戦略」を長期（5年程度が適当）、中期（3年程度が適当）、短期（1年以内）の視点から明示し、それに沿って、各分野の個別戦略としてブレークダウンし、明示する。短期視点の戦略を含むのであるから、当然ながら毎年、ローリング（見直し）することを前提とする。

　経営理念・ビジョンを最初に明記し、その理念に沿った戦略を立案する。その際、直接的な経営の屋台骨としての「事業戦略」を中心に据えるのが妥当である。これは、事業分野ごとに、長期、中期、短期の視点からまとめる。以下、それを支える各個別戦略を経営理念、経営戦略に直結させることを前提に策定する。これらの関連を図19に示すので参照されたい。

　経営戦略は、企業全体で共有し、ベクトル合わせをすることにより、経営資源のすべてを効率的・効果的に使用することが目的であるので、全社員に十分理解させられるものでなければならない。

　そのため、たとえば「戦略設計図」と名前をつけて書き物にすることが必須条件であるし、まとめ方は、正確な理解ができる方法でなければならない。長文の書き物ではなく、図表を中心にした、ビジュアルなものが望ましい。

図19 経営戦略の構成

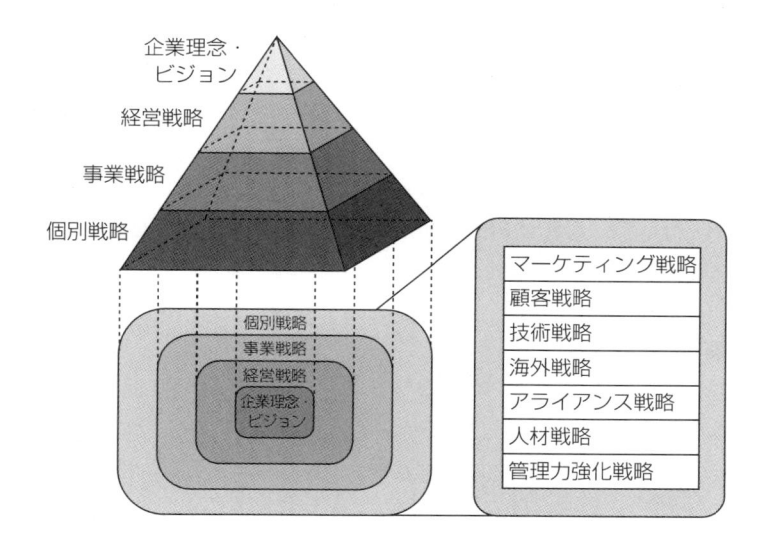

これを使用して説明会、討論会などを行うことにより積極的な意識の浸透を図ることができる。また、これらを企業内でいつでも参照できるように、イントラネットに掲示するなどして、企業内で身近なものとして位置づけることが効果的である。

(2) 経営戦略

企業としての経営理念を中心に位置づけ、時代背景、経営の環境、現実認識をベースにして、目指す方向を明示し、その実現方法の骨子を明らかにする。

経営者としての真意をストレートに表現するとともに、シンプルに分かりやすく表現することが重要である。欲張りすぎた、総花的なことでは理解され実践される戦略にはなりにくい。枝葉末節を捨て、根本的なこと、強調すべきことに絞り込んで簡潔に述べるべきである。なぜこうするのかといったことが納得できるような論理性も意識してまとめる。

ここで盛り込むべき内容は以下のような事柄である。

1) 企業理念： 企業としての理念、ビジョンを明記する
2) 背　　景： 時代背景の認識、企業としての背景
3) 経営環境： 経営の中長期的な環境認識、競争状況の推移
4) 現実認識： 企業経営の現実の認識
5) 経営目標： 目指す経営のかたち。数値的目標も含む
6) 経営戦略： 目標達成のためにとる経営施策と方針

(3) 事業戦略

　企業の基盤となる事業のすべてについて、経営戦略に従ってその戦略を明確にする。原則として、その企業の事業ごとにそれぞれ作成する。当然、事業の責任者（事業部長やカンパニーの責任者など）の責任で策定するが、その内容は経営戦略に照らして経営レベルで詳細にレビューされる。

　記述は、経営戦略の記述に準拠すると同時に、目標数値、数値的根拠などの具体的数値についても必ず盛り込む。各事業の事業戦略は、同じフォーマットでまとめるべきであり、その指導は取りまとめの責任者、たとえば、経営企画担当がまとめ方を指導する。

(4) マーケティング戦略

　経営戦略に直結する形で、マーケットの調査・分析を行い、その上で経営戦略、事業戦略の展開を具体化するために必要な戦略を明らかにする。企業内部の経営戦略実現に向けた、製品・ソリューションの品揃え、製品開発の内容、タイミングなどについて、外部のニーズ、競合、自社製品・サービスの提供経緯などを睨みながら、戦略的に進めるための重要な戦略策定である。

　また、提供製品・ソリューション、サービスなどをいかに外部に対して効果的にアピールし、キャンペーンを張るかといった施策を明確にし、戦略策定する。

(5) 顧客戦略

　プロジェクト・ビジネスを主体とする企業は、必ずプロジェクトを受注・実施しているので、発注する顧客が存在する。一般的に、プロジェクト・ビジネスの場合は事業全体の多くの部分を、限られた数の顧客から受注しているものである。過去・現在のそういう状態を分析し、経営戦略、事業戦略に沿って顧客に対する戦略をどう展開するのかを整理する。

　顧客に対する戦略とは、主として営業活動（セールス）のエネルギーをどの顧客にどの程度投入するかということに直結する。そのためには、業界の動向、顧客の動向、競合企業の動きなどを視野に入れて調査・分析をする必要がある。

　また、単にプロジェクト実施というだけでなく、製品・ソリューションやサービスを保有し、それを組み込んだプロジェクトを提供する場合は、その製品・ソリューション、サービスを機軸にした、対象顧客の分類化を行い、優先度づけをして営業方法を策定することもマーケティング戦略の範疇となる。

(6) 技術戦略

　企業の業態によって、技術戦略の重要性と内容は大きく異なる。また、技術革新の激しい現在では、的確な技術動向の先読みは相当むずかしい。特にITの分野では、一時期のバブル的様相はなくなったものの、依然として先端的技術は進歩しており、実現化の時期とその応用分野、適用分野の見きわめ、ビジネス・モデル化の動向には目を離せない。

　今後の世界的な景気動向にもよるが、景気上向きの時点では、ITが再び脚光を浴びることは疑う余地がない。旧来の仕事の仕組みを根底から覆す可能性を、インターネットを中心としたITが保持していることは間違いない。

　こういう状況下で、次に中心となる技術、ツール、ソリューションを見きわめることは、タイミングが重要な決め手となる分野だけに、

それに対応する準備をどの時期にどの程度行うかは、至難の課題である。しかし、その見きわめが、プロジェクト・ビジネスのチャンスを左右することが大いにある以上、目を皿のようにして研究する必要がある。

技術が中心となる分野に焦点を当てる企業ほど、技術戦略を詳細に立案し、ひんぱんに見直す必要がある。

(7) 海外戦略

経営戦略との関連で必要な場合は、海外戦略を策定する。ITの場合は、主として、米国を中心とした先進技術、先進ビジネスを日本に導入・展開する場合と、インド・中国などのアジアを中心としたオフショアのソフトウェア開発拠点としての2つの面がある。ただし、最近の経済動向によっては、プロジェクト提供の場としての中国なども可能性が高くなってきている。

目的を明確にして、どこにどのように展開するかの戦略を策定する。国によって、それぞれの国情、文化、習慣なども含めて慎重に検討するべきである。

(8) アライアンス戦略

従来の右肩上がりの時代の、何でも自社で持つか、系列会社で固めるといったやり方は遠い過去のものとなった。自社の強みを活かし、足りない部分はオープンな観点で他の企業とアライアンスを組むのが当たり前になってきた。徹底した合理主義で、大胆に策を打っていかないと生きていくのも難しい時代になってしまった。

アライアンスは、単に規模の増大を目指すことより、むしろ質的な側面で強み、弱みを組み合わせることが基本であろう。思いつきのアライアンスとか、質的な経営力強化の観点のないアライアンスでは、双方の意図した結果を得ることはできないし、長つづきしない。かえって、失うものが多いことになる。

一般的にアライアンスというと、双方が互いに「他人のフンドシ」

を当てにするようなことが多いが、本質的に、「WIN-WIN」の関係でなければ成立しないことを肝に命じるべきである。

(9) 人材戦略

　企業理念、ビジョンで人について触れている場合は、それを尊重しながら戦略策定することになる。単に時代遅れの感のある「人を重要視し、人間中心の企業経営をする」といった漠たるものの場合は、今や実質的には施策の障害になることすらあるので要注意である。

　経営戦略、特にそのなかでも長期戦略に基づいて人材をどのように確保するかを明確にすることが重要である。

　経営戦略、事業戦略を実現するための、プロジェクト・マネジャーも含めた、プロフェッショナルの集団としての企業人材を揃えていかねばならない。そのソースと育成方法を時間軸で示してみたい。

1) 社員として保有する人材・人員と、外注要員でまかなう部分
2) 人事制度へのつながり
3) 人材育成方針
4) 社員数の方針（新卒採用、中途採用）

　少なくとも、以上のような事柄については、経営戦略との関連から方針を明らかにする。

(10) 管理力強化戦略（組織化、情報化環境、ビジネス管理力）

　現実のビジネス遂行上、高精度で効率的な管理システムが必要である。実務上、ここの仕組みが貧弱であると、いくら立派な戦略があり、たまさかよいビジネスができたとしても、管理がゆるく、足元の弱い企業にしかなりえない。

　現実的な日々のビジネス環境そのものをどう整備していくのかという戦略であるので、優先度は最も高い課題として取り組むべきである。

(11) 他の経営力強化プログラムとの関連

節番号	経営力強化プログラム	経営戦略明示との関連
2	経営戦略明示	
3	ビジネス管理整備	経営戦略を実現するために必要な足腰の強さとしての役割を果たす。単なる絵空事にしないために、精度が高く、スピーディで、効率的なビジネス管理システムが必要条件になる。
4	プロジェクト推進システム	経営戦略のなかでプロジェクト・ビジネスを中心とする場合には欠かせないもので、本書でいうPM組織力そのものを支えることになる。
5	人材確保	経営戦略のなかで、人材戦略として定める方針を具体化し、実現化するための施策である。
6	協力会社管理	経営戦略のなかで、アライアンス戦略の一部として定める、主として下請け契約で企業力を補ってもらう協力会社の管理のための施策である。
7	技術環境整備	経営戦略で定める事業の実現、管理システムの実現のために、主としてITを主体としたインフラ構築のための施策である。

(12) PM組織力・リーダー力との関連

他の2つの力	経営戦略明示との関連
PM組織力	プロジェクト・ビジネスを経営の中心とする企業では当然ながら、経営戦略のなかでPM組織力が重視される。プロジェクトの採算性が企業業績に直結するので、個別プロジェクトの採算性を向上することこそが最重要となる。 特に、特別大きな問題プロジェクト、赤字プロジェクトを出さないことが重要であり、そのための決め手は、本書でいう3つの能力、なかでも直接的には、PM組織力を強化・整備・実践することが必須である。 経営戦略では、PM組織力の重要性を経営レベルで認識し、明記して、そのための施策を展開することが重要である。
リーダー力	経営戦略と直結して、人材の重要性はどんな場合でも欠かすことのできない重要事項である。 知識だけに偏っているとか、逆に経験のみ、声の大きさやキャラクターだけに頼る人材では、必ず限界があり、いつか躓き、失敗することになる。人材育成の方向づけ、方針を明確にして、つねに動機づけを保持するような仕組みやサポート体制を合わせて整備することが必要である。プロジェクトは一過性の仕事であるが、人材育成は一過性ではありえない。具体的にプロジェクト・マネジャーを専門職として認知し、位置づけを明確にすることが何よりも大切である。 個別のプロジェクト採算を握るプロジェクト・マネジャーは、一般的な部門マネジャー以上に経営そのものを直接的に左右することを、重要視すべきである。

3 ビジネス管理整備

(1) 概要

　経営戦略は次へのチャレンジを中心にしたものであるが、その前提として、日々のオペレーション（事業そのもの、管理）の仕組みが、企業経営の足腰を支える基盤として、効率的で高品質で、しかも簡素化されたものであることが必要である。経営力強化の観点からは、比較的地味な課題ではあるが、外へ向かっての「攻め」を支える、バックオフィス機能として、経営力の基盤そのものであり、その強化は最重要なことである。

　経営戦略を経営計画にブレークダウンし、予算化し、実現していくことを、いかに進め、管理していくかを明確にする。実績把握は、少なくとも月次で行い、正確な見通しと合わせて、迅速な対策を打っていかねばならない。

　プロジェクト・ビジネスとしての会計基準、勘定科目の明確化なども重要である。それに沿った実績把握の方法、プロジェクト単位の予算管理・採算管理（特に原価管理）なども整合性をもって効率的に整理されていなければならない。

　プロジェクト・ビジネスとしての契約管理についても、従来以上に重要な課題になっている。

(2) 戦略経営管理プロセス

　経営戦略、事業戦略から直結する数値中心の年度計画、予算策定のプロセスを明確にする。毎年、予算策定の時期はまたたくまに迫ってくるものであり、慌てて泥縄の予算策定をする羽目に陥らないためにも、年間カレンダーのなかにスケジュールをきちんと組み込んで、社内に徹底する。

図20　ビジネス管理整備の課題

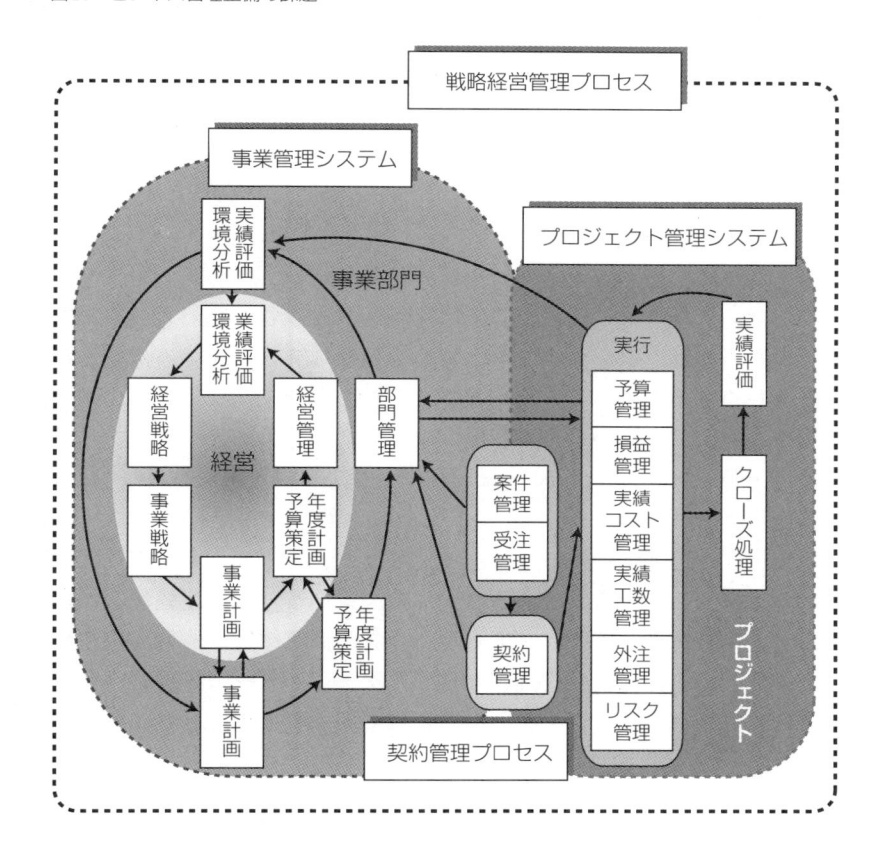

　予算策定に当たっては、経営企画担当が経営戦略、事業戦略、事業計画、経営環境、実績などから一次案を策定・提示し、それを踏まえて、各事業部門責任者が現場の実情、見通しなどからボトムアップの見直しをし、それを全社見地から検証・見直しをするというサイクルを何度か繰り返すというのが一般的であろう。単なるトップダウンだけのほうが策定効率はよいが、策定予算の必達のためには、各部門責任者のコミットメントを実質的に得ることも重要であり、ボトムアッ

第4章　プロジェクト成功を支える経営力——169

プのプロセスも必要なことである。

　ここで大切なことは、決定した予算数値をブレークダウンして、各事業担当の各レベルの責任者、メンバーの目標管理（MBO）のなかの重要な目標数値として必ず組み込むことである。各部門責任者の合計が全社の予算と一致していなければならない。

(3) 事業管理システム

　毎月、予算に対する実績を対比・分析して対策を打ち、見通しを行うことは、日常的な事業管理、経営管理そのものである。

　このためには、何をおいても、実績管理システムの品質・精度と効率がきわめて重要である。日々の事業活動の実績把握が正確に、迅速に行うことができないような状態では、経営は結果的に「ドンブリ勘定」「KKD（勘と経験と度胸）」といった、客観性のない前近代的なものに成り下がってしまう。

　実績把握を迅速に行うには、ITを駆使した一貫性のある事業管理システムを持つことが必要である。受注前の案件管理、受注処理、プロジェクト予算管理、実績コスト管理、作業時間実績管理、外注発注管理、外注支払い、売上げ管理、プロジェクト・クローズ処理といった処理が、一貫性・整合性を持って厳正に効率よく処理できることが望ましい。

　会計基準（完成基準と進行基準、各処理の基準：エビデンス）、勘定科目、税務対策などの基本的なことに加え、たとえば原価差異の管理方式、仕掛りコストの扱い、サービスの売上げ計上基準など、ビジネス・オペレーション上で重要な決め事は明確な整合性と現実性をもって定め、徹底しなければならない。

　プロジェクト関連では、プロジェクトごとの採算が明確になることがきわめて重要である。プロジェクトをいくつかのサブプロジェクトに分割する場合とか、複数のプロジェクトを統合して1つのプロジェクトとして採算を見るといった場合にも、簡単に対応できるようになっているべきである。

当然、プロジェクトの直接費用となる、人件費、外注費、旅費・交通費、購入費などのコスト把握のほか、リスク・リザーブ（プロジェクト・リスクとして見込んでいるコスト。リスクが実際に現実化するまでは予備費として備え、未使用のままプロジェクト終了する場合は利益処理する）、仕掛りコストなども適時に簡単に把握できることが必要である。

(4) プロジェクト管理システム

プロジェクト単位の管理を統合的にできるシステムがあることが望ましい。上記 (3) の事業管理システムとしてでもよいし、事業管理システムに連動するものでもよい。ただし、事業管理システムとは別に存在する場合であっても、集中システムで一元化すべきで、事業管理システムと人間による二重入力だけは絶対に避けるべきである。

プロジェクトの開始／終了を定義し、会計基準に整合したプロジェクト予算管理を、見積り／提案／受注／予算化／コスト実績／売上げ計上／検収／完了という、プロジェクト・ライフサイクルに対応した厳正でシンプルなプロセスとツールを整備することが、プロジェクト・マネジャー、マネジメントの双方に大いに有用である。多少の投資をしてでも実現すべきシステムである。

プロジェクト単位の予算、実績、見通しが、アーンドバリュー（Earned Value、獲得価値）による進捗管理をベースに組み込んだプロジェクト月次報告でできることが必要条件である。実績コストは、作業時間実績入力に基づいて、予定原価から自動的にそのプロジェクトに賦課されるべきである。

ときおり、複数のプロジェクト間で作業実績時間を調整して、個別プロジェクトの実績コストを表面上問題ないように操作するプロジェクト・マネジャーが出てくるが、原則としてこういうことを許さない厳正な運用が求められる。正しい実態把握が最優先で行われなければ、正しいマネジメントは不可能である。

プロジェクト・マネジャーは、このシステムを使用して、プロジェクトの進捗報告、月次報告を行う。さらに、その内容を上位管理者が

確認し、それに基づいて必要なら個別プロジェクトの監査、レビューを行うことになる。できるかぎり自動化した管理システムや報告システムを整備することが、正確で迅速・タイムリーなプロジェクト・マネジメントや部門管理を実現するだけでなく、プロジェクト・マネジャー自身の実態把握作業や報告作業などを効率化し、つねに先手を打つマネジメントを可能にする。

(5) 契約管理プロセス

プロジェクトは通常、最初に契約がある。企業によって、営業担当が契約の責任を持つ場合もあるし、プロジェクト・マネジャーや法務担当者が持つ場合もある。営業担当やプロジェクト・マネジャーが行う場合は、バックオフィス機能として法務担当を置き、内容に問題がある場合の指導を行い、場合によっては法務担当者が契約相手と契約内容の交渉を行うこともある。

重要なことは、まず、標準契約書を持つことである。通常、契約書には「請負契約書」「(準)委任契約書」「派遣契約書」の3種類があるので、それぞれの整合性を確保して、標準契約書として設定する。また、通常の標準契約書だけではプロジェクトの詳細内容について記述できないので、「契約仕様書」「作業仕様書」「作業記述書」といった別文書で記述することになる。その場合、標準契約書との関連（リンク）を明記するなどの仕組みを明確にしておく必要がある。

また、受注するための契約書と外注するための契約書があるが、同じプロジェクトで両方の契約がある場合は、双方の契約内容の整合性を確保しなければならない。たとえば、受注契約の瑕疵担保責任期間が1年間になるなら、外注契約ではそれ以上の期間にしなくてはならないし、外注契約分の仕事が先に終了する場合の瑕疵担保責任期間の開始時期に注意を払う必要がある。

その意味では、ともに標準契約書を使用する場合は、標準契約書レベルで整合性が取れていればよい。どちらかまたは両方とも標準契約書を使用できない場合、外注管理は購買担当、顧客契約は担当営業と

いった分担をしている企業では、プロジェクト・マネジャーが注意して確認する必要がある。

　標準契約書を使用できない場合、非標準契約締結のためのプロセスが明確になっていなければならない。法務担当がチェックすることは当然として、一般的にビジネス・イシューとなるものについては、上位マネジメントの承認を得ることが必要である。多くの場合、非標準契約はビジネス・リスクとなることが多いので、ビジネス判断が必要である。

　そもそも、契約交渉は受注の前に行うことが原則である。たとえば、標準契約書では瑕疵担保責任期間が6ヵ月間となっていて、顧客から1年間を要求されても、6ヵ月間のサポート費用を想定して契約金額に追加できれば、非標準契約書はビジネス的には問題ないと判断できるかもしれない。

　そのためには、受注前に契約内容も意思表示し、確認できるようにすべきである。また、これらを徹底し、漏れのないようにするには、提案書や見積書に標準契約内容をセットして提出できるような工夫をすることである。

　グローバル化の時代は、従来以上に、経営レベルで契約の重要性を認識し、そのための社内の契約管理プロセスについて注意深く整備する必要がある。

　ここに述べたような事柄は、社内の契約プロセスとして明記され、徹底しなければならない。重要なことは、誰もが必要なときに参照できるよう形式化され、たとえばイントラネットで参照できるようにしておくことである。

(6) 他の経営力強化プログラムとの関連

節番号	経営力強化プログラム	ビジネス管理整備との関連
2	経営戦略明示	経営戦略、事業戦略の内容を進めるための事業インフラとしての位置づけになる。ビジネス管理システムの整備をなおざりにしては、いくら優れた戦略を立てても、絵に描いた餅になるだけである。
3	ビジネス管理整備	
4	プロジェクト推進システム	ビジネス管理整備のなかのプロジェクト管理システムは、プロジェクトの計数管理を主体にするものだが、プロジェクト推進システムに含まれるメソドロジーなどと密接な関係を持つ。プロジェクトのフェーズ、成果物などをプロジェクト管理システムにどの程度取り込むかで、そのシステムの程度が決まる。
5	人材確保	事業管理システムで原価把握するとき、人事上の各個人の資格・ランクによって原価が相違する。そのため、制度上のランク原価と、個人のランク情報がともに正確に管理されていなければならない。また、変更は速やかに反映しなければならない。
6	協力会社管理	事業管理システムとは、原価という側面で関係する。
7	技術環境整備	事業管理システム、プロジェクト管理システムは、ITシステムそのものであり、情報インフラそのものである。情報システムとして、正確で、使いやすく、高速処理できて安定していることが必要である。セキュリティを確保した上で、社外のプロジェクト現場からの簡単な利用ができることが必要である。

（7）PM組織力・リーダー力との関連

他の2つの力	ビジネス管理整備との関連
PM組織力	ビジネス管理システムは、プロジェクトの計数管理や状況管理を企業内で集中的に行うので、プロジェクト・マネジメントの最大のツールとなるものである。つまり、プロジェクト・マネジメントの直接的なインフラとして位置づけられるのが、ビジネス管理システムである。
リーダー力	プロジェクト・マネジャーが、事務処理に忙殺されることがよく起こる。報告のための報告、管理部門のデータ集めのためのプロセス、気ままな顧客の要求などである。特にプロジェクトが問題状況に陥ると、経営層からひんぱんに報告を求められるが、その割には、叱咤激励は受けても適切なサポートは得られないことが多い。問題が大きくなり、切迫するほど、その程度がひどくなり、サポートしてもらっているのか、足を引っ張られているのか分からないような状況になってしまう。問題プロジェクトにさせないためには、日頃からPM組織力、経営力を整備しておくことが重要である。

4　プロジェクト推進システム

(1) 概要

　プロジェクトを効率よく、品質高く推進するための直接的な仕掛けである。プロジェクト・マネジメント・システム、品質システム、メソドロジーなど、経営レベルで意識的に整備し継続しなければ、有効に機能しにくいものである。直接的にプロジェクトの成否に関わるものである一方、個別プロジェクトでは実質上、前提条件として位置づけるしかないものであるので、経営者の見識が問われる部分である。

図21　プロジェクト推進システムの課題

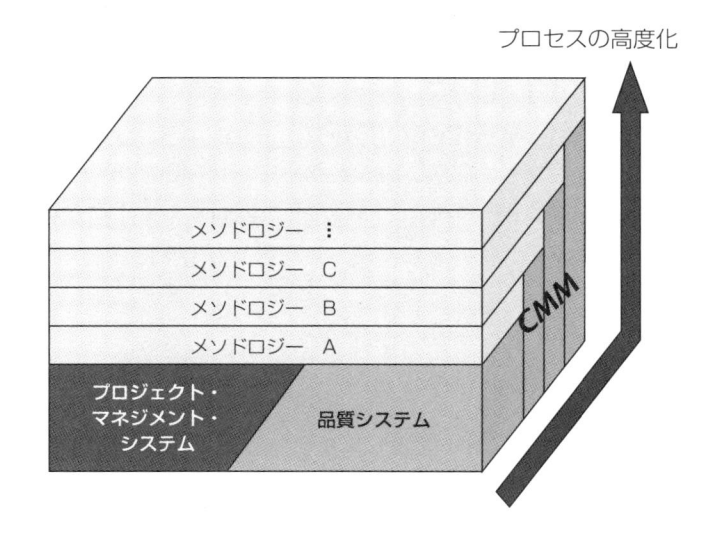

(2) プロジェクト・マネジメント・システム

　PM組織力で述べた内容を、真の企業力のレベルで実現できるかどうかである。明確で疑問の余地のないプロセスに形式化した方針（Policy）と手続き（Procedure）を明示し、実施を徹底することである。ただ書類の山を作るのではなく、ツールやテンプレート、サンプルを多用して、使う人が便利に感じる程度に整備しなければならない。

　このPM組織力に類する課題も、「経営力強化プログラム」のなかに組み込んで、全体整合を見ながら同時に整備することは、効果的であり、効率的でもある。しかし、企業によっては、同時整備はかなり重い改革になるかもしれない。

(3) 品質システム

　ISO9000認証取得をすべきかどうかの議論はともかく、経営レベルの認識のもとで客観性のある品質システムを構築することは経営者の責任である。

　単に見栄えや誰かに言われたので認証取得するなどは、愚の骨頂である。真の意味を理解した上で実施してこそ、はじめて継続することができるし、その真価を享受できるので、腰を据えた取り組みをすべき施策である。

　品質システムを構築するには、品質プロセスを形式化して明示し、監査体制を含めた品質組織（たとえば、品質保証部、品質推進室）を整備することも必要なことになる。

(4) メソドロジー

　メソドロジーとは、プロダクトを生成するためのプロセスおよび（中間）成果物を示すものである。プロジェクト・マネジメントについては、前記（2）で示すので、ここには含めない。

　プロダクト・ライフサイクルを規定するメソドロジーは、時にPMプロセスを含む場合があるが、成熟した状態では、PMプロセスは汎

用的に適用されるもので、プロダクトごと、またはプロダクト生成方法ごとにメソドロジーがあるということになる。

メソドロジー自体もITを駆使して、単にWebでいつでも誰でもどこでも参照できるといったレベルから、さらに一歩前進して、メソドロジーをカスタマイズできるとか、メソドロジー・ベースで成果物の再利用ができるような仕掛けまでできることが望まれる。

またその上に、メソドロジーに含むタスクの標準工数を持ち、実績から統計的手法でフィードバックしながら、見積りの原案レベルのものを自動的に提供できるようなレベルまで達することができるなら、メソドロジーの価値は飛躍的に向上することは間違いない。

(5) CMM

CMM (Capability Maturity Models) とは、ソフトウェア開発組織の成熟度を評価して、成熟度を向上させようとするもので、米国カーネギーメロン大学のソフトウェア工学研究所 (SEI: Software Engineering Institute) で開発された。SEIでは、このモデルに沿って、企業などのソフトウェア開発組織の成熟度を評価 (Assessment) する活動を行っている。

2000年にCMMI (CMM Integration) が発表されているが、その評価は、その組織の仕事のやり方（プロセス）の成熟度を見るもので、図22のような5段階で評価される。レベル1が最も未成熟で、レベル5が最も成熟したレベルにあるとされる。

レベル1：Initial 「初期のレベル」
レベル2：Managed 「管理されたレベル」
レベル3：Defined 「定義されたレベル」
レベル4：Quantitatively Managed 「定量的に管理されたレベル」
レベル5：Optimizing 「最適化レベル」

最近、日本でもCMMに取り組む企業が増加している。客観的に評

図22 CMMモデル

プロセスの継続的改善

レベル5　Optimizing　最適化レベル
レベル4　Quantitatively Managed　定量的に管理されたレベル
レベル3　Defined　定義されたレベル
レベル2　Managed　管理されたレベル
レベル1　Initial　初期のレベル

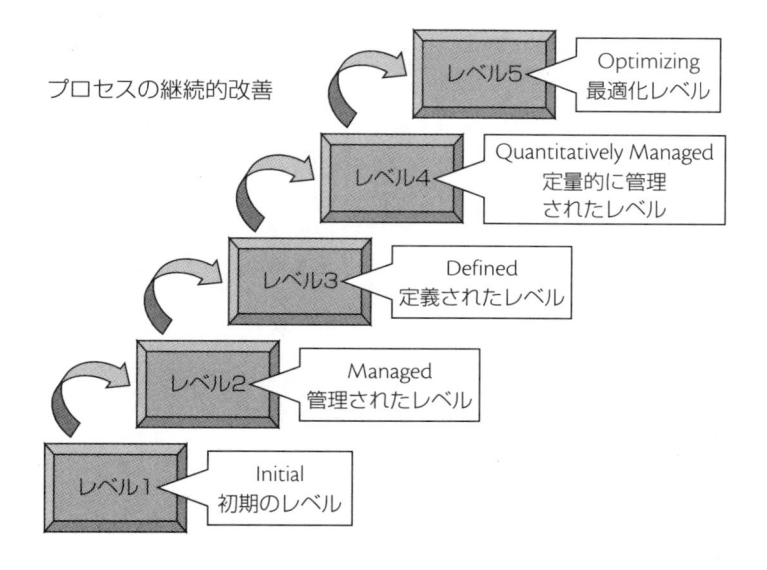

価されることが重要なことであるが、一方で、一時期のISO9000認証のように、認証されることだけが自己目的化して、その本来の意義や狙いを二の次にすることがないことを切に祈りたい。

(6) 他の経営力強化プログラムとの関連

節番号	経営力強化プログラム	プロジェクト推進システムとの関連
2	経営戦略明示	経営戦略のなかのプロジェクト・ビジネス推進のエンジンの1つがプロジェクト推進システムということになる。
3	ビジネス管理整備	事業管理システムとは密接な関係を持ち、自動化によって、高品質化、効率化、簡易化するためにシステム化すべきである。
4	プロジェクト推進システム	
5	人材確保	プロジェクト・マネジャーとして、プロジェクト推進システムを熟知しなければならない。その効用と限界を的確に理解することにより、重要な組織力として活用できる。
6	協力会社管理	プロジェクトとしてのメソドロジー利用、品質システムについては、外注化する部分についても徹底する必要がある。協力会社管理では、この側面も含めて整備すること。
7	技術環境整備	プロジェクト推進システムは、ITシステムを駆使したものになるのは必然である。仕事のインフラとしてのIT整備は、知識の再利用を促進するKM（ナレッジ・マネジメント）とあいまって、重要なことである。

(7) PM組織力・リーダー力との関連

他の2つの力	プロジェクト推進システムとの関連
PM組織力	プロジェクト推進システムは、PM組織力で示す構成要素を、どれだけ現実的に有効に実践できるかどうかということである。
リーダー力	個人の持つ専門能力をつまらない事務処理や雑事に発揮させるのではなく、プロジェクト・マネジメントの本当に重要な、実態把握、分析、計画、実行、コミュニケーション、交渉、報告などに専念させるべきである。 プロジェクト推進システムの巧拙、出来不出来によって、個人能力の発揮がプロジェクト結果にストレートに影響することは、明らかである。

5　人材確保

（1）概要
　最終的には「企業は人なり」である。経営力やPM組織力を向上することはきわめて重要であるが、最終的には適切な人材を確保できるかどうかが決め手になる。人材は必ずしも社員である必要はないが、基本は社員ということになる。

（2）人事制度
　経営理念・ビジョン、経営戦略を前提として、人事制度を策定する。原則、成果主義によって実現するべきである。
　成果主義は、目標管理（MBO：Management By Objectives）をベースにする。目標管理の難しさは、個別目標自体の難易度の評価、達成評価を含めた評価基準にある。これら評価基準と評価プロセス、評価の報酬・待遇への反映方法を客観的、現実的なレベルで実現することが必要である。目標管理プロセスを明確にし、成果主義に基づいて、会社貢献、仕事への貢献が公平に評価され、それが報酬や待遇に直結することが重要である。
　プロジェクト・マネジャーを専門職として明確に定義し、キャリア・パスの上にも重要な位置づけを明示する。プロジェクト・マネジャーを単に技術者の延長上のように扱うとか、そのプロジェクトの中心となる技術者をプロジェクト・マネジャーにするといったように、プロジェクト・マネジャーの役割を安易に扱う向きがあるが、これは間違いである。失敗するプロジェクトでは実質的にプロジェクト・マネジャー不在、プロジェクト・マネジメント不在であることが少なくない。
　また、プロジェクト・マネジャーを対象にした表彰制度（Award）なども、メリハリのある制度として有用である。たとえば、プロジェ

図23　人材確保の課題

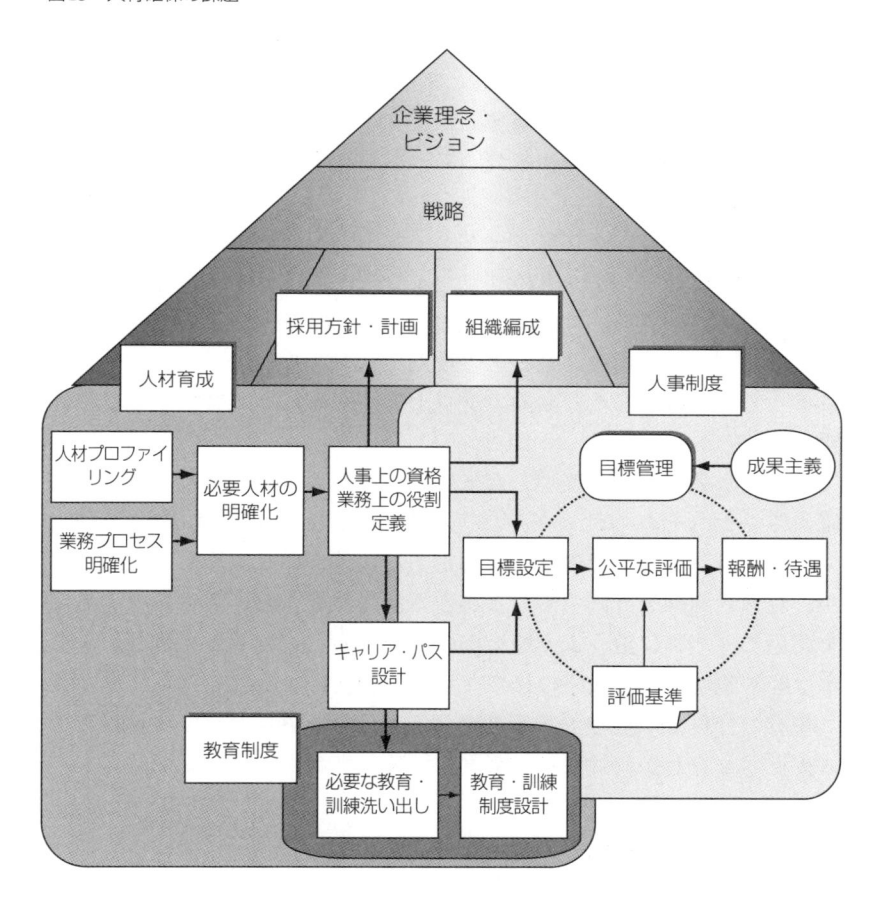

クトのコスト・ベースラインを基準にして、改善した利益を一定基準でプロジェクト・マネジャーまたはプロジェクト・チームに支給するような仕組みは、プロジェクト・マネジャーやプロジェクト・チームのコスト意識を高揚させ、プロジェクト成功のための強い動機づけになる可能性が高い。もちろんその場合、正確な計数的なプロジェクト管理システムが機能していることが前提条件となる。

(3) 人材育成

　経営戦略、事業戦略、人材戦略に沿って、必要人材のプロファイルを描き、必要人材の能力、専門性と年度ごとの概算人数を明確にする。その上で、人事上の資格、業務上の役割を詳細に定義し、キャリア・パスを明確にする。それに基づいて、目標管理もキャリア・パスも成り立つのである。

　現実には、たとえばプロジェクト・マネジャーを考えてみると、大規模で複雑なプロジェクトのプロジェクト・マネジャーに対して、数人で数ヵ月の小規模プロジェクトのそれが同じスキルを必要とするわけではない。その場合、業務上の役割を定義するには、プロジェクトによって異なる業務そのもののプロセスが明確になっていないと無理である。

　そういう必要事項を整理した上で、キャリア・パスを社員全員に明確にし、それぞれの社員が自己実現のためにどういう仕事を希望し、マネジメントとしてその社員に想定する位置づけを調整した上で、役割、教育・訓練を計画することになる。当然ながら、単に個人の希望を聞いて、それに沿うような方向で計画するということではない。基本は経営戦略、人材戦略の枠のなかでの調整になる。

　現有の社員では無理であるとか、不十分である場合は、中途採用でスカウトするとか、外部から募集して確保する。

(4) 採用方針・計画

　経営戦略、事業戦略、人材戦略に沿って、新卒採用、中途採用の方針を決め、採用計画を策定・実施する。このとき、経営戦略、事業戦略をよく吟味し、中・長期的観点を入れて、外注要員でまかなうことも視野に入れて、総合的に検討しなければならない。あまりに人海戦術に偏った経営戦略・事業戦略の場合は、戦略そのものの見直しをする必要があるかもしれない。

　採用する人材の条件としては、人物本位で行うべきである。やみくもに、有名大学名のみにこだわるような時代錯誤は、論外である。

(5) 教育制度と教育の方法

　人材育成するための教育・訓練の方法と制度を策定する必要がある。キャリア・パスに沿って、それぞれに必要な教育・訓練内容を洗い出し、それぞれの実施方法を検討・決定する。

　情報化が進んできた現状では、必ずしも、すべてを会社で準備し与えるという姿勢である必要はない。ある程度、自助努力を前提にすることは、労働市場の流動化が激しい時代には必然の方向でもある。プロフェッショナルとしての確立は、企業の環境提供の意義は大きいが、最終的には個人の問題である。

　教育・訓練の方法も、従来型の集合教育だけでなく、Webベースの教育を多用すべき時代になってきている。Webベースの教育は、実施する側から見れば、同じことを何度も繰り返す必要がないということが大きいが、受講する側から見れば、必要なときに自分のペースで受講できるという決定的な利点がある。多くの教育・訓練内容は、Webベースで実施できるはずである。

　OJT（On the Job Training）も有効な方法であるが、指導する側が教育することを意識できていないと、単に足手まといになるとか、ネコの手程度にしかならないなど、教育方法としては名ばかりになってしまうので、教育の観点から定期的にレビュー・確認することが必要である。単なる徒弟制度ではなく、科学的な仕組みをもって実施しなければならない。

(6) 組織編成

　一般的にIT系のプロジェクト・ビジネスを行っている企業の組織は、機能組織型である。一見、プロジェクト型かと勘違いしやすいが、たとえば、通信システム開発部、流通システム開発部、金融システム開発部といったように、対象顧客ごとに担当部門を決めていることが多い。ソリューションを持つ企業では、ソリューション軸と顧客業種の軸をマトリックスにしたり、横並びにしたり苦心しているのが現実である。

　ソフトウェア工場とか、アプリケーション・ソフトウェア開発セン

ターといったように、人材プールした組織を作って、顧客・業種別の専門部門と連携する試みも多くなされているが、どれも決め手にはならない。業務の量的なニーズと必要スキルの広がりの程度によって、どのような組織形態が最適なのかが決まるようだ。

　基本的に組織編制は、需要と供給のマッチング、バランスを効率的に行うことに直結する。人脈とか特定個人にこだわった組織作りが行われることが多いが、結果的には間違ったアプローチである。はじめに部門長ありきではない。経営戦略、事業戦略を実現するために最適な組織編制をすることが必須である。

(7) 他の経営力強化プログラムとの関連

節番号	経営力強化プログラム	人材確保との関連
2	経営戦略明示	経営戦略、事業戦略、人材戦略にて示される方針に沿って、人材確保施策を実施する。特に、人材確保は長期的な課題であり、企業の生命線であることを認識する必要がある。
3	ビジネス管理整備	人事制度上の資格・ランクなどによる、原価管理への正確な管理を提供する。
4	プロジェクト推進システム	プロジェクト・マネジャーに熟知させる必要がある。
5	人材確保	
6	協力会社管理	直接的には関係しない。ただ、人材確保の方法に外注要員を多用する方針の場合は、協力会社管理は、より重要なインパクトを持つことになる。

節番号	経営力強化プログラム	人材確保との関連
7	技術環境整備	直接的には関係しないが、Web トレーニングなどの実施では関係してくる。

(8) PM組織力・リーダー力との関連

他の2つの力	人材確保との関連
PM組織力	PM組織力と人材確保は、相互に影響しあいながらスパイラル状に向上することが望ましい。
リーダー力	プロジェクト・マネジャー力向上と人材確保は直接的につながっている。企業としての人材確保施策は、すなわちプロジェクト・マネジャー力の向上に直結するものである。人事制度でプロジェクト・マネジャーを専門職として位置づけ、公正な評価、適正な待遇、そして望まれるスキルを明示し、必要な教育・訓練を実施することが必要である。 若手技術者の教育・訓練も、優秀なプロジェクト・マネジャー育成のために必要なことである。

6 協力会社管理

(1) 概要

　ITプロジェクト・ビジネスの世界では、特にソフトウェア開発のプロジェクトでは人海戦術で多くの技術者を動員することが多く行われている。先端技術の1つであるITのシステム開発が、ほとんど手工業の域を出ないのも皮肉な観はあるが、依然としてそれが実態である。プロジェクトの仕事は動員する人の数がつねに変動し、そのヤマタニを調整することは非常に難しい。ヘタをすると技術者が余り、仕事が不足する状態になり、企業としては稼働率が低下する問題になる。

　このヤマタニの調整には外注要員を利用することが有効である。これを効果的に実行するためには、個別のプロジェクトの外注プロセスを整備することと合わせて、融通の利く、付き合いの深い協力会社を多く整備することが必要となる。

(2) 協力会社管理

　協力会社を登録制にして、登録業者には契約の簡素化、年間単位の協定単価の締結、優先発注、優先受注、協力会社への技術教育の割安提供、情報交換会開催などの便宜を図ることがよく行われている。協力会社にとっては、比較的安定的に仕事を確保できるし、そのための営業活動が少なくてすむ利点がある。

　契約も、個別の標準契約書のほかに基本契約を締結して、個別契約は注文書・注文請書で簡易化して処理できるようにする。

図24　協力会社管理の課題

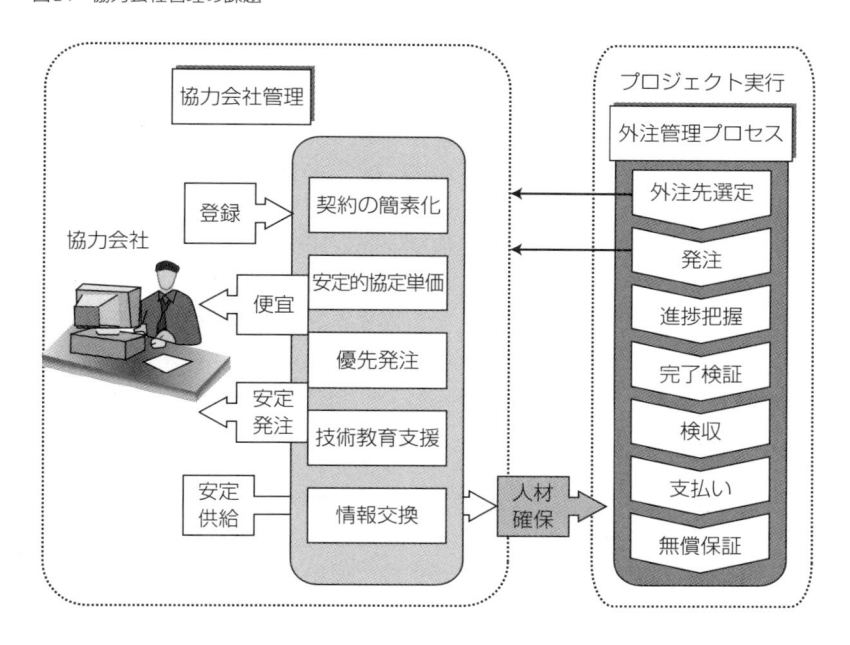

（3）外注管理プロセス

　実際のプロジェクトでの外注先選定から発注・契約、進捗把握、完了検証、検収、支払い、無償保証という一連のプロセスを形式化する。当然、使用する文書のテンプレート、記入要領なども簡単に利用できるようにする。一般的には、購買機能として独立した組織をおき、金額、事務処理はそこで集中して行い、効率向上と現場の協力会社の癒着防止の牽制機能を担わせることが多い。

(4) 他の経営力強化プログラムとの関連

節番号	経営力強化プログラム	協力会社管理との関連
2	経営戦略明示	経営戦略、アライアンス戦略、人材戦略に基づいて整備される。
3	ビジネス管理整備	事業管理システム、プロジェクト管理システムと外注費としての扱いを整合性をとって確保する。外注費の計上と支払いのタイミング、プロジェクト原価への整合などで連携する。
4	プロジェクト推進システム	プロジェクト・マネジメント・システムの外注部分として、全体プロジェクトとの実行整合を確保する。進捗把握・報告・管理、スコープ・マネジメント、品質活動など、整合性、バランスを失わないようにする。
5	人材確保	人材確保の一環としての外注要員という基本部分での関連がある。
6	協力会社管理	
7	技術環境整備	外注会社とのコミュニケーションの手段として、技術環境の共有をどのように、また、どの程度行うかは、慎重に検討しなければならない。

(5) PM組織力・リーダー力との関連

他の2つの力	協力会社管理との関連
PM組織力	PM組織力のなかの調達マネジメントを実現するプロセスがこの協力会社管理である。
リーダー力	プロジェクト・マネジャーの大きな仕事の1つに、プロジェクトに必要な要員の確保がある。外注要員の確保の場合に、経営力として整備されているのと、すべて自分でやらなければならないのとでは、雲泥の差がある。最終的な外注先はプロジェクト・マネジャーが決定するにしても、可能な外注先を複数選び、発注仕様を作成した上に提案を取り、評価するだけでも、相当な時間とエネルギーを消耗する。プロジェクト・マネジャーとしては、できるだけ少ない労力で処理できれば、他のより重要なことに時間と労力を割くことができることになる。

7 技術環境整備

(1) 概要
　以下に述べる課題は、IT関連企業特有の部分もなくはないが、情報化が進んでいる今日では、ほとんどの業種の企業にあてはまる。あふれる情報洪水のまっただなかで、無関係な情報に惑わされることなく、いかに有用なデータや情報だけを効率よく収集し、本来の業務に有効に生かしていくかが、企業の存亡を左右しかねないほど大きな課題である。

(2) 情報インフラ
　情報社会で、企業は最低限でもコンピュータ・ネットワークを社内に持ち、社内の情報交換に電子メール、ワークフロー・ソフトウェア、情報共有の仕組み、電子承認、インターネット、イントラネットによる情報環境などを可能にする必要がある。
　ただ、ITの進歩は依然として激しく、処理スピードはより速く、データ量はより大量になるので、せっかく最新設備に投資しても、すぐに陳腐化する可能性が高いので、大規模な投資をする場合は慎重に検討する必要がある。
　特に、技術進歩と同期するかのごとく、外部侵入者（悪質なハッカー）の被害も増えている。また、より企業業務の基幹部分に使用するようになるために、それが故障した場合のインパクトはより重大なものになってくる。そのため、運用上のバックアップとか、ディスクの多重化とか、セキュリティの強化などに、従来以上に工夫も必要であるし、投資も必要になる。

図25 技術環境整備の課題

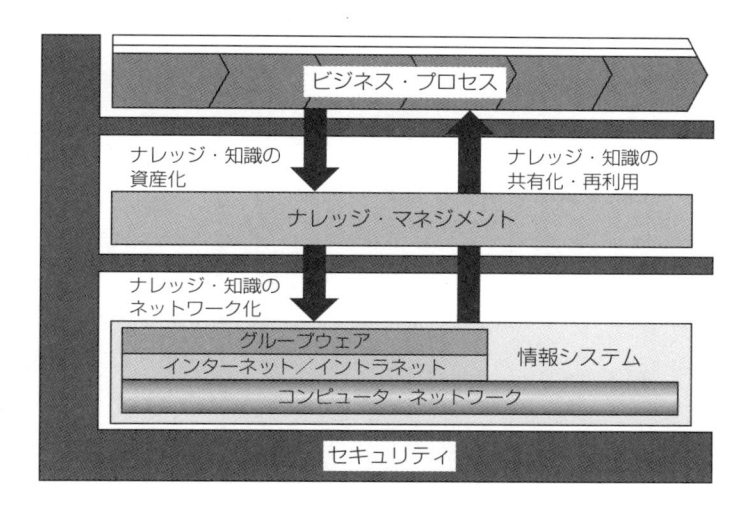

```
                    ビジネス・プロセス
        ナレッジ・知識の              ナレッジ・知識の
          資産化                    共有化・再利用
                  ナレッジ・マネジメント

        ナレッジ・知識の
         ネットワーク化
              グループウェア
              インターネット/イントラネット    情報システム
              コンピュータ・ネットワーク
                    セキュリティ
```

(3) ナレッジ・マネジメント

　ナレッジ・マネジメント（KM: Knowledge Management）は今後、企業が生き残っていくための重要課題として取り組むべき課題である。ナレッジ・マネジメントの考え方は、誰もが総論賛成であるし、うまくいけばバラ色の世界を想起させることも確かだ。
　しかし、ナレッジ・マネジメントの実現化のためには、2つの重要で、難しい問題を乗り越える必要がある。
　1つは、いかに価値のある情報（ナレッジ・知識・知恵）を探し、見きわめるか、その判断基準と仕組みをいかに組み立てるか、ということである。企業にとって価値のある情報とは、事業にできるだけ直接的に影響を与え、結果につながるものである。
　2つめは、多くの情報のなかから探している有用情報（ナレッジ・知識）をいかに効率よく探し当てる仕掛けを実現できるか、ということである。活用しやすい仕掛けが重要である。
　一方、実現化する手段については、前近代的ともいえる紙の山は最悪である。今や、イントラネットで誰もがいつでも利用できる環境を

前提にすることは当然である。追加・変更も柔軟にできる環境は、以前には想像もできなかったことである。しかしながら、ただハイパーリンクでイントラネット化すればいいというものでもない。体系化をしっかりしないと、ただの「蜘蛛の巣」(Web) 状態になってしまう。

(4) 他の経営力強化プログラムとの関連

節番号	経営力強化プログラム	技術環境整備との関連
2	経営戦略明示	技術環境整備にも投資が必要である。経営戦略のなかで事業インフラ整備を重視し、必要な投資の裏づけを認知したほうがよい。
3	ビジネス管理整備	事業管理システムやプロジェクト・マネジメント・システムのなかにKMの要素をどれだけ取り込んでいけるかが、企業力を測る尺度であるといえる。
4	プロジェクト推進システム	プロジェクト推進システムのメソドロジーにも、成果物の再利用などをどの程度取り込んでいけるかである。
5	人材確保	特に直接的な関係はない。
6	協力会社管理	技術環境を協力会社とどこまで共有できるようにするか、慎重に検討する必要がある。
7	技術環境整備	

(5) PM組織力・リーダー力との関連

他の2つの力	技術環境整備との関連
PM組織力	PM組織力の多くは、形式化する必要がある。それを技術環境のなかで簡単に、素早く、有効に、正確に使用できるようにする。
リーダー力	プロジェクト・マネジャーの能力を生かすために、技術環境の内容・程度が影響してくる。両者はポジティブ・スパイラルで成長することが望まれる。

8 改革推進

(1) 基本的な考え方

　企業ごとに企業風土があり、企業文化があり、歴史があり、経緯があり、事情がある。それらを無視することはできない。しかし、それらを尊重しすぎると、改革を阻害することになる。

　企画し計画するには、「冷静で深く広い検討」をする必要があるが、それを全社的に理解させ、結果として「熱く実行する」ことが必須条件となる。その際、経営者の独りよがりに陥らないように、また、熱き想いゆえに上滑りしないように、日常の業務効率を落とすことなく全員参加の仕組みを実現しなければならない。

　外部コンサルタントを適切に活用することにより、客観的な観点からバランスよく全体推進を行うことが可能になる。

　いずれにしろ、最終的には、経営者自身が本気で、必死で取り組むことが最重要である。多少の間違いを冒しても、真剣に取り組んでいれば簡単に修正できる。

(2) 経営トップを含むコア・チーム編成

　改革推進コア・チームを編成するが、その責任者は経営トップが自ら就くべきである。そして、実質的に改革推進を行う改革責任者（経営企画担当の取締役クラスの者）を中心とした事務局をおいてチーム編成する。外部コンサルタントは、このコア・チームのなかに置き、全体的な進め方、個別課題の解決方法やヒントなどをリードしてもらい、助言を得ることとする。

　まず、「経営力強化プログラム」として改革の全体シナリオを書き、「戦略設計図」をまとめることから始めるが、その骨子はコア・チームで集中してまとめる。そのなかで、「経営力強化プログラム」とし

図26　改革推進の課題

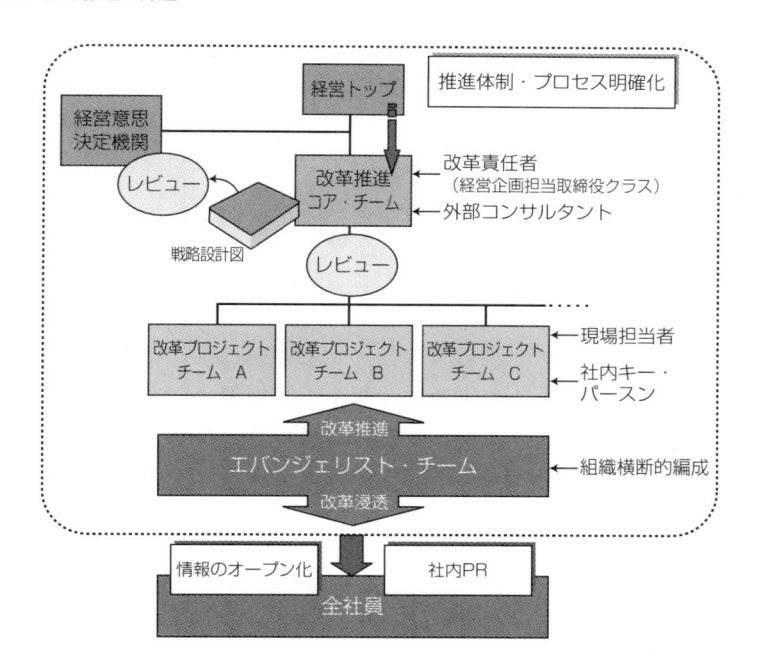

```
                    ┌─────────┐      ┌──────────────────┐
                    │ 経営トップ │      │推進体制・プロセス明確化│
                    └─────────┘      └──────────────────┘
  ┌────────┐           │
  │ 経営意思 │           ▼
  │ 決定機関 │───┬──┬─────────┐  ←改革責任者
  └────────┘   │  │ 改革推進  │    （経営企画担当取締役クラス）
        ╲    レビュー│ コア・チーム│─ 外部コンサルタント
         ╲    │  │         │
       戦略設計図  └─────────┘
              レビュー
                │
      ┌─────────┼─────────┐  ……
      ▼         ▼         ▼
  ┌───────┐ ┌───────┐ ┌───────┐
  │改革プロ│ │改革プロ│ │改革プロ│ ← 現場担当者
  │ジェクト│ │ジェクト│ │ジェクト│
  │チームA │ │チームB │ │チームC │ ← 社内キー・
  └───────┘ └───────┘ └───────┘   パースン
              ▲
           改革推進
      ┌───────────────────┐
      │ エバンジェリスト・チーム │ ← 組織横断的編成
      └───────────────────┘
           改革浸透
              ▼
  ┌──────────┐       ┌────────┐
  │情報のオープン化│       │ 社内PR │
  └──────────┘       └────────┘
      ┌──────────────────────┐
      │       全社員         │
      └──────────────────────┘
```

て構成するプロジェクトを明確にする。

　各プロジェクトの実施にあたっては、常時、コア・チームとプロジェクト責任者で全体レビューと調整を行い、全体整合を確保することが重要である。

　コア・チームおよび「経営力強化プログラム」全体のレビューについては、経営会議など、経営の実質的な意思決定機関で行うことにする。

(3) 実行は課題ごとにプロジェクト・チームを編成

「経営力強化プログラム」として、課題ごとに構成するプロジェクトのそれぞれにプロジェクト責任者を定め、プロジェクト・チーム編成をする。各プロジェクト・チームがプロジェクト計画書を作成し、コア・チームのレビューを受ける。

プロジェクトにもよるが、多くのプロジェクト・チームは、直接その課題に関係する現場担当者を含めた編成にする。

各プロジェクトの実施にあたっては、常時、コア・チームとプロジェクト責任者で全体レビューと調整を行う。

(4) 横断的にエバンジェリスト・グループを編成

「経営力強化プログラム」の一環として、各個別プロジェクトとは別に、普及のための布教者として、若手社員を中心にエバンジェリスト・グループ（Evangelist Group）を選抜・編成し、「経営力強化プログラム」全体の社内浸透活動の尖兵として活動させる。現場で人望のある人材を中心に、10人～20人に1人程度を目安に選抜する。主旨を説明した上で、社内公募する方法も有効である。

エバンジェリスト・グループは、普及のためのコア・チームであり、「経営力強化プログラム」全体のレビューにも参加し、その詳細内容を十分理解する。そのためには、「経営力強化プログラム」コア・チームや、個別プロジェクト・チームなどと合同での合宿や集中訓練などを行い、改革を推進するエンジンとして自覚させることが必要である。未来の企業幹部候補としての教育をすることにもなる。

(5) 推進体制とプロセスの明確化

「経営力強化プログラム」は、全社をあげた経営改革の活動になる。そこで特に注意しなければならないことは、本来の業務・組織と「経営力強化プログラム」の関係を分かりやすく定義し、社内に示しておくことである。このあたりの定義は、経営者の責任である。単に機能、役割、権限、責任といったことの位置づけ、調整だけでなく、社内キ

ー・パーソンを「経営力強化プログラム」の重要なポストに位置づけるように、人的側面で適切な配置を行うべきである。

(6) 情報は形式化しオープンに

　特別な機密情報以外のあらゆる情報は、形式化（文書化、図表化、ビデオ化など）し、社内的にオープンな扱いとするべきである。

　もちろん、基本的にすべて社外秘扱いにする内容である。社外秘扱いの情報を、悪意を持って、または悪意はないが何気なく外部に持ち出すような社員がいる恐れのある場合は、先立って人事上の雇用契約の内容とその徹底状況を確認し、必要な見直し、対策をしておく必要がある。

　情報化社会が進み、社員の意識も大きく変化してきている状況で、この点を見直すことだけでも、多くの課題が見えてくるはずである。本題ではないが、従来の延長では立ち行かない状況になっていることを認識できるだろう。

(7) 社内PR

　「戦略設計図」をはじめ、できるかぎりポイントになる情報は社内にオープンにする。今や、ほとんどどの企業でも、ITを駆使して、イントラネット上で社内PR可能である。

　ただし、事柄の性質上、フェース・ツー・フェースの普及活動を重要視することが大切である。人間が心から熱くなれるのは、パソコンの画面からだけでなく、生身の人間が発する情熱や気合いに触発されることが多いからだ。

　ITは、補助手段としてきわめて有効であるので、形式化した情報を、いつでも、どこでも、誰でもがアクセスでき確認できる状況を作ることである。ただ、コア・チームは過度にこれに頼ることは要注意である。中心はあくまでフェース・ツー・フェースであり、イントラネットは補足説明、補助ツールであることを忘れてはならない。

おわりに

　プロジェクトの失敗は昔から数え切れないほど繰り返されてきたし、今も多くのプロジェクトが格闘している。高度成長期には、これらは多少の向こう傷として、成長の波で覆い隠すことができた。

　成長の神話は崩れ去り、先の見えない経済状況がつづくなかで、これを打破していくための一助として、個々のプロジェクトを確実に成功させることは、きわめて重要なことである。

　確実に成功できるプロジェクト能力を身につけることは、個別企業の繁栄の基礎となるばかりでなく、社会資本の有効活用、無駄な浪費の排除という意味において大きな意味を持つはずである。

　今こそ、「プロジェクトを成功させる」ことに真剣に取り組む時期がきている。そのためには、欧米流の最新のプロジェクト・マネジメント手法を取り入れることは当然として、さらにそれだけに止まらず、それを支える企業力や経営力を透明化・合理化し、プロジェクト・マネジャーという個人能力をプロフェッショナルとして認知・育成することが急務となっている。

　本書では、これを分かりやすく、PM組織力、リーダー力、経営力という名前で表現してみた。

　野中郁次郎氏は、暗黙知を形式化して形式知にすることは、創造性（Creativity）の一種であると言った。暗黙知文化にどっぷりつかっている人間にとって、形式知化することは、簡単そうに見えて、実は大変難しいことである。

　企業の戦略や経営課題を、企業内で誰もが理解できるように形式知化することだけでも大変難しいが、さらにこれを組織だって実践することができなければ、改革は成功しない。

　このためには、企業全体で十分理解できる形式化した方針・指針を

示し、説明し、議論し、そして納得して実践し、実施結果の確認をすることが必要になる。相当に重い仕事であり、気合いを入れて取り組まねば簡単にできることではない。

　プロジェクト失敗の話や噂は絶えることがない。小手先の対策や、個人のたまたま持っている能力や「誰かの運」に頼るようなことでは、たとえ成功することはあっても、必ずすぐに躓くことになる。見たくないこと、考えたくないことも含めて、事実状況と根本的な原因を科学的な態度で冷静に整理し、どのように対策するかの意図と方法を体系化してまとめ上げ、そして確実に実践することしかない。全体、フレームをプロットし、優先順位をつけて順次・確実に実践する。また、その原点として、軸として、経営者の不退転の決意をもって改革する気概があって初めて、確実にプロジェクトを成功させる土壌ができる。

　企業の中心軸である経営者自身、経営者グループが、本気で腰を据えて取り組むことが必須条件である。社員は、経営者が認識している以上に経営者の真意や考え方に敏感に反応し、行動するものである。改革のためには、それぞれの必要分野の外部コンサルタントなどを入れて、客観性と冷静な舵取りをすることが必要である。

　激動の時代に生き抜く企業になるために、冷静に計画し、熱く実践することが求められている。強い思いと意思で、あきらめず、粘り強い改革の一歩を一刻も早く踏み出すことによって、他に先駆けて「プロジェクトを成功させる」企業にすることが可能である。しっかりした構想とバランスの取れた実践の「ポジティブ・スパイラル」を描き始めることは簡単なことではないが、動き出したスパイラルは、思いのほか加速するものである。

　不況やデフレによる不安定な時代であるが、春にいっせいに出てくる筍(たけのこ)が厳しい寒さの間にそのエネルギーを貯えるように、閉塞感の蔓延する今こそ足元を固め、力を貯える時である。次のステップへのスタートを今できるかどうかが、次の時代の勝負を決するにちがいない。

本書は、私自身の地を這うような体験・経験をベースにしているので、泥臭い話に終始したかもしれない。しかし、ビジネスの現場では、「実践」「実現」「成果」こそが価値がある。泥臭い事実の積み上げが全社改革に確実につながるようにするのは、経営者の責任であり、腕のふるいどころである。

参考文献

A Guide to the Project Management Body of Knowledge, 2000 Edition, Project Management Institute（PMI）

『P2Mプロジェクト＆プログラムマネジメント標準ガイドブック』財団法人エンジニアリング振興協会、2001年

『プロジェクトマネジメント』福沢恒、ダイヤモンド社、2000年

『国際標準プロジェクトマネジメント』能澤徹、日科技連出版社、1999年

『プロジェクト・マネジメント国際資格の取り方』峰本展夫、生産性出版、2001年

『失敗の本質』戸部良一 他、ダイヤモンド社、1984年

『コンピュータ関連企業の高収益革命』ADL社、ダイヤモンド社、1993年

『知識創造の経営』野中郁次郎、日本経済新聞社、1990年

『ナレッジマネジメント入門』紺野登、日本経済新聞社、2002年

『知識創造の経営』野中郁次郎、日本経済新聞社、1990年

『巨像も踊る』ルイス・ガースナー著、山岡洋一他訳、日本経済新聞社、2002年

『ロジカル・シンキング』照屋華子、岡田恵子、東洋経済新報社、2001年

『マッキンゼー式 世界最強の仕事術』イーサン・M・ラジエル著、嶋本恵美他訳、英治出版、2001年

■ 井野 弘（Ino, Hiroshi）

1968年、国立新居浜工業高等専門学校電気工学科卒業。
富士電機製造（株）で、計算制御システムの技術者となる。
（株）シーエーシーで、各種応用ソフトウェアの開発に携わる。プロジェクト・マネジャー、技術部長、取締役を歴任。企業力強化本部長として、経営改革、株式公開に携わる。
日本ディジタルイクイップメント（株）［日本DEC］にて、ソフトウェア生産技術部長を務め、1997年にプログラム・マネジャーとして、ソフトウェア開発組織としては日本で初めてISO9001認証取得。
日本NCR（株）にて、PMO（Project Management Office）部長として、プロジェクト・マネジメント・プロセスの確立・実施に携わる。
2002年11月、井野コンサルティングオフィス（ICO）を開業し、経営改革およびプロジェクト・マネジメントのコンサルティングサービスを行っている。

1983年、技術士（情報工学部門）資格を取得。日本技術士会会員。
2001年、米国PMI（Project Management Institute）のPMP（Project Management Professional）資格を取得。PMI会員。

メールアドレス：ico-ino@ke.catv.ne.jp

プロジェクト成功への挑戦
〈3つの力〉

発行日	2003年4月15日　第1版　第1刷　発行
著　者	井野弘（いの・ひろし）
定　価	カバーに表示してあります
発行人	原田英治
発　行	英治出版株式会社
［営業部］	〒150-0031　東京都　渋谷区　桜丘町8-17 シャレー渋谷 A302 電話：03-5784-6482 FAX：03-5784-6483
［本　社］	〒336-0902　埼玉県　さいたま市　大東1-39-4 電話：048-813-1098 FAX：048-813-1099 URL　http://www.eijipress.co.jp/
印　刷	株式会社シナノ
装　幀	中島浩
図版制作	土屋和人
本文校正	阿部由美子

英治出版からのお知らせ

弊社のホームページでは、本書の一部を「バーチャル立ち読み」サービスで「無料公開」しております。また、その他の既刊本についても公開していますので、ぜひ一度、アクセスしてみてください。なお、「本書へのご意見、ご感想など」をEメール（editor@eijipress.co.jp）で募集しております。お送りいただいた方には、弊社の「新刊案内メール」を定期的にお送りします。たくさんのメールを、お待ちしております。

「バーチャル立ち読み」URL
www.eijipress.co.jp

© Hiroshi INO, 2003, printed in Japan　［検印廃止］　ISBN4-901234-27-7 C3034
本書の無断複写（コピー）は、著作権法上の例外を除き、著作権侵害となります。
乱丁・落丁の際は、お取り替えいたします。

英治出版の本・好評発売中

超社員術！
——会社に依存しない自律創造型「仕事人」への道

原田保／楠木建 他編著
藤原和博、野中郁次郎 他著
A5判、上製、308頁
【本体2200円＋税】

会社依存症で身動きがとれず、スキルも磨けない。そんな自分を劇的に変えるために、異能・カリスマ仕事人たちが9つのパワーと行動技法を伝授する。ビジネスマンが自律し、自己実現を勝ち取るためのサバイバル戦略。

実践！社長思考プロセス
——創業理念に立ち返り、再生への道を切り開く

田村文重 編
A5判
上製
216頁
【本体2200円＋税】

あなたの会社は本当に大丈夫か。激変するビジネス社会で、会社を活性化する道とは？会社を劇的に再生するための〈社長思考プロセス〉の実践的技法を解説している。社長のみならず、すべてのビジネスマン必読の書。

最高の報酬
——［働く人の名言集］お金よりも大切なもの

松山太河 編著
新書判
上製
216頁
【本体1200円＋税】

ビット・バレー・アソシエーションのディレクターを務める松山太河のメルマガ「DEN」をまとめたのが本書。古今東西の厳選された名言200の一つ一つが、勇気と元気を与えてくれる。夢を忘れないための座右の一冊！

エモーショナル・プログラム・バイブル

坂井直樹 著
A4変型判
上製
136頁
【本体3500円＋税】

日産の「Be-1」をはじめ、数々のヒット商品を生み出した著者が考案した、新しい感性マーケティングの手法が「エモーショナル・プログラム」だ。本書で、市場分析やブランド戦略のためのマーケティングメソッドを完全解説！

最寄りの書店でお求めください。
英治出版「バーチャル立ち読み」→http://www.eijipress.co.jp

英治出版の本・好評発売中

ゲット・スターティド!
――彼らが自分の会社を始めた理由

ロン・リーバー著
松山太河 監訳
四六判、並製
272頁
[本体1600円＋税]

米国で実際に、自分の事業を始めた23社34人の若き起業家たちの奮闘を取材したスタートアップ・ガイド。人生で後悔しないためには、自分の好きな仕事につくことが一番! 起業から運営・成長までのノウハウを伝授。

マッキンゼー式 世界最強の仕事術 ①解説編
10万部突破!

E・M・ラジエル著
嶋本恵美 他訳
四六判、上製
264頁
[本体1500円＋税]

マッキンゼーは、なぜ世界一でありつづけるのか。マッキンゼー人が日々オフィスで取り組む仕事の仕方を初公開。事実を徹底的に分析し、仮説を検証し、思考を構造化していくプロセスなど、秘密を解き明かす話題の書。

マッキンゼー式 世界最強の問題解決テクニック ②実践編

E・M・ラジエル 他著
嶋本恵美 他訳
四六判、上製
288頁
[本体1500円＋税]

前作では、マッキンゼーのエンゲージメントに主眼をおいて解説したが、本書では、どうすればマッキンゼーの優れた手法を、あなたのキャリアや組織に応用できるかを、極めて実践的な観点から論じる。話題沸騰の続編!

アメリカン・ドリームの軌跡
――伝説の起業家25人の素顔

H・W・ブランズ著
白幡憲之 他訳
A5判、並製
528頁
[本体1800円＋税]

夢を実現した人びとの共通点とは? 本書は、世界最強の企業国家アメリカを築いた25人の波乱に満ちた生涯を描きながら、起業の秘密を解き明かし、いっぽうで、アメリカ経済史の発展プロセスも明らかにする好著!

最寄りの書店でお求めください。
英治出版「バーチャル立ち読み」→ http://www.eijipress.co.jp

英治出版の本・好評発売中

成長の技術
――企業を伸ばす経営技術としてのマーケティング

橋本博 著
A5判
上製
240頁
【本体2000円＋税】

本書は、組織と人を成長させる技術を、マーケティング理論を中心に解説したもの。変化の激しい社会で成長するためには、商品を開発して販売する「価値を構築する技術」、販売網を構築して顧客をマネジメントする「仕組みを構築する技術」、戦略を作り、企業を運転するための「成長を構築する技術」の3つの技術が必須となってくる。本書では、この3つの技術を、実際の企業の「ケーススタディ」や練習問題を交えて解説する。新入社員、中堅社員、管理職、トップの必読の書。

株式公開・情報開示のための
実践インベスター・リレーションズ

後藤英夫 著
A5判
並製
196頁
【本体1600円＋税】

これまで、実際に企業でIRを担当した人が、企業の立場から解説したIRマネジメントの解説書はほとんどなかった。本書は、実際にIR担当者としてIPOに携わった著者が、貴重な体験をもとに、IRの現場について解説したもの。第1部では、IPOにおけるIRについてシミュレーションし、第2部では実践的スキルを短期間で習得できるように構成されている。企業の公正な情報公開が叫ばれている今、すべてのビジネスマン必読の書。

最寄りの書店でお求めください。
英治出版「バーチャル立ち読み」→http://www.eijipress.co.jp